Teorias sociológicas
e temas sociais contemporâneos

SÉRIE ESTUDOS DE FILOSOFIA

Teorias sociológicas

e temas sociais contemporâneos

2ª edição

Everson Araujo Nauroski

Rua Clara Vendramin, 58 . Mossunguê
CEP 81200-170 . Curitiba . PR . Brasil
Fone: (41) 2106-4170
www.intersaberes.com
editora@intersaberes.com

Conselho editorial
Dr. Alexandre Coutinho Pagliarini
Dr.ª Elena Godoy
Dr. Neri dos Santos
M.ª Maria Lúcia Prado Sabatella

Editora-chefe
Lindsay Azambuja

Gerente editorial
Ariadne Nunes Wenger

Assistente editorial
Daniela Viroli Pereira Pinto

Edição de texto
Monique Francis Fagundes Gonçalves

Capa
Mayra Yoshizawa (*design* e fotografia))
Sílvio Gabriel Spannenberg (adaptação)

Projeto gráfico
Bruno Palma e Silva

Diagramação
Andreia Rasmussen

Equipe de design
Sílvio Gabriel Spannenberg

Iconografia
Regina Claudia Cruz Prestes

Dados Internacionais de Catalogação na Publicação (CIP)
(Câmara Brasileira do Livro, SP, Brasil)

Nauroski, Everson Araujo
  Teorias sociológicas e temas sociais contemporâneos / Everson Araujo Nauroski. -- 2. ed. -- Curitiba, PR : Editora Intersaberes, 2023. -- (Série estudos de filosofia)

  Bibliografia.
  ISBN 978-85-227-0463-7

  1. Sociologia 2. Sociologia – História 3. Sociologia – Teoria 4. Sociólogos – História I. Título. II. Série.

23-142696   CDD-301

Índices para catálogo sistemático:
1. Teorias : Sociologia 301

Eliete Marques da Silva – Bibliotecária – CRB-8/9380

1ª edição, 2018.

2ª edição, 2023.

Foi feito o depósito legal.

Informamos que é de inteira responsabilidade do autor a emissão de conceitos.

Nenhuma parte desta publicação poderá ser reproduzida por qualquer meio ou forma sem a prévia autorização da Editora InterSaberes.

A violação dos direitos autorais é crime estabelecido na Lei n. 9.610/1998 e punido pelo art. 184 do Código Penal.

sumário

apresentação, xi
organização didático-pedagógica, xvii

1

Revisitando a sociologia clássica, 22
 1.1 A sociologia como ciência, 24
 1.2 Émile Durkheim, 31
 1.3 Karl Marx e a sociedade capitalista, 37
 1.4 Max Weber, economia e religião, 48

2 O funcionalismo de Talcott Parsons e Robert Merton, 64
   2.1 Talcott Parsons, 66
   2.2 Robert Merton, 76

3 As abordagens sociológicas de Norbert Elias e Pierre Bourdieu, 94
   3.1 Norbert Elias, 96
   3.2 Pierre Bourdieu, 99

4 Elementos para uma sociologia crítica, 118
   4.1 A indústria cultural e sua gênese, 120
   4.2 Cultura e semiformação, 128
   4.3 Em que consiste uma ciência da sociedade?, 137
   4.4 Sobre a sociedade, 141
   4.5 Sobre o indivíduo, 152

5 Teorias sociológicas interacionistas, 168
   5.1 A sociologia fenomenológica de Alfred Schutz, 170
   5.2 A construção social do "eu" e do "mim" na teoria de George Herbert Mead, 178
   5.3 Erving Goffman e a formação do estigma, 184
   5.4 Judith Butler: gênero e sociedade, 191

A pesquisa sociológica, 206
    6.1 Metodologia na pesquisa sociológica, 208
    6.2 Descrição da metodologia na pesquisa, 210
    6.3 Elementos que formam o conjunto teórico na pesquisa social, 212
    6.4 As etapas da pesquisa, 215

considerações finais, 229
referências, 233
bibliografia comentada, 241
respostas, 243
sobre o autor, 249

epígrafe

Um dos motivos para essa superficialidade degradante é a desorganização do tempo. A seta do tempo se partiu; não tem trajetória numa economia política continuamente replanejada, que detesta a rotina, e de curto prazo. As pessoas sentem falta de relações humanas constantes e objetivos duráveis. Todas as pessoas que descrevi até agora tentaram descobrir a profundidade do tempo abaixo da superfície, quando nada registrando inquietação e angústia com o presente.

(Richard Sennett, em *A corrosão do caráter*)

O primeiro desafio é reinventar as possibilidades emancipatórias que havia nesse conhecimento emancipador: uma utopia crítica. Vivemos hoje em um mundo dominado por utopias conservadoras. Franz Hinkelammert as definiu muito bem como a "radicalização do presente". A utopia do neoliberalismo é conservadora, porque o que se deve fazer para resolver todos os problemas é radicalizar o presente. Essa é a teoria que está por trás do neoliberalismo. Ou seja: há fome no mundo, há desnutrição, há desastre ecológico; a razão de tudo isso é que o mercado não conseguiu se expandir totalmente. Quando o fizer, o problema estará resolvido. Temos de mudar essa utopia conservadora para uma utopia crítica, porque também as utopias críticas da modernidade – como o socialismo centralizado – se converteram, com o tempo, em uma utopia conservadora.

(Boaventura de Souza Santos, em *Renovar a teoria crítica e reinventar a emancipação social*)

apresentação

A *vida em sociedade* é instigante e por vezes desafiadora, cheia de contradições e problemas que, não raro, nos causam perplexidade. Diante da realidade social que nos envolve, muitas vezes aparentemente caótica, precisamos qualificar nosso olhar e tentar entender as raízes das dinâmicas e contradições desse contexto. Apresentamos este livro com a intenção de ajudar no esclarecimento da complexidade de nosso mundo e alguns de seus problemas. Aqui, buscamos revisitar alguns textos e autores de referência no pensamento sociológico, no intuito de possibilitar o contato com alguns de seus conceitos e teorias e assim uma compreensão mais ampla do mundo e da sociedade em que vivemos.

Inicialmente, podemos afirmar que, apesar de a sociologia ser uma ciência recente, tendo se estabelecido como disciplina acadêmica no início do século XX, existe uma profusão de autores e textos de relevância nessa área – uma constatação que tornou nossa tarefa de ter de selecionar os conteúdos que seriam abordados neste livro bastante difícil. Se houvesse espaço, escreveríamos um grande compêndio, buscando abranger em sua totalidade o conjunto rico e variado dos autores da sociologia e, assim, talvez ao final da tarefa não ficasse aquela sensação de não ter podido contemplar todos eles.

No entanto, pela necessidade de se fazer um recorte, com base no qual seria construído um texto didático, buscamos oferecer ao leitor uma boa introdução dos autores e temas selecionados. Partindo dessa intenção propedêutica, organizamos este livro em seis capítulos. No primeiro, com o título "Revisitando a sociologia clássica", apresentamos uma reflexão sobre o que caracteriza a ciência sociológica, para em seguida retomar a reflexão de Émile Durkheim sobre a divisão do trabalho social e sua função na integração da vida em sociedade. Em seguida, descrevemos a crítica de Karl Marx ao capitalismo e sua concepção da história como o palco das lutas de classe. Fechamos o capítulo com Max Weber e sua análise que relaciona economia e religião para explicar a origem do capitalismo moderno.

Entendemos que tratar, no início da obra, dos três autores clássicos, delineando suas abordagens, mesmo que em linhas gerais, permitirá ao leitor perceber a presença desses pensadores em outros momentos do pensamento sociológico, influenciando outros autores e teorias abordados ao longo do livro. Essa percepção já se mostra como um indicativo de amadurecimento intelectual e avanço nos estudos da sociologia.

No segundo capítulo, "O funcionalismo de Talcott Parsons e Robert Merton", adentramos a sociologia contemporânea de matriz americana, enfocando a perspectiva analítica desses dois autores. Ambos, cada um a seu modo, estabelecem o funcionalismo como eixo epistemológico para explicar a sociedade e suas dinâmicas. Parsons propõe uma teoria unificadora capaz de explicar a sociedade em sua totalidade, e Merton, em uma abordagem diferenciada, com teorias de médio alcance, busca explicar problemas mais pontuais, como a violência urbana e a criminalidade. Ao fim desse capítulo, apresentamos algumas ponderações críticas em relação à perspectiva funcionalista, adotada por esses autores.

No terceiro capítulo, "As abordagens sociológicas de Norbert Elias e Pierre Bourdieu", analisamos duas perspectivas sociais diferenciadas, ambas contemporâneas. Com Elias é possível compreender que a relação entre indivíduo e sociedade é dotada de fluidez e complementaridade. Sua abordagem não dualista fez com que sua obra fosse criticada, e apenas tardiamente esse autor teve seu mérito reconhecido. Ao tratarmos dos conceitos de campo, *habitus* e capital de Bourdieu, mostramos o quanto esse autor inova em sua análise da vida social, explicando que muitos dos problemas que ocorrem na sociedade – como conflitos entre indivíduos e grupos, desde situações como uma greve e mobilizações sociais mais amplas até disputas por prestígio e influência dentro de uma instituição – podem seguir lógicas semelhantes.

O quarto capítulo, intitulado "Elementos para uma sociologia crítica", contempla a contribuição Theodor Adorno e Max Horkheimer para pensarmos uma sociologia crítica. Entre os temas abordados estão a indústria cultural e seus efeitos nos processos de alienação, o problema da semiformação como um fenômeno típico da cultura de massas e uma reflexão sobre a sociologia como ciência não positivista. Além desses temas, são discutidos os conceitos de sociedade,

xiii

articulando-se elementos não positivistas, de modo a considerar a sociedade como uma totalidade, na mesma linha em que se pensa o conceito de indivíduo na tradição do pensamento sociológico. Nesse capítulo, ao mesmo tempo que são apresentadas algumas das concepções desses autores, faz-se uma crítica ao positivismo presente na tradição sociológica clássica.

No quinto capítulo, "Teorias sociológicas interacionistas", examinamos quatro autores que, com suas diferentes perspectivas, enriquecem a forma de compreender o mundo social. O primeiro deles é Alfred Schutz e sua sociologia fenomenológica, uma teoria que inovou ao introduzir elementos filosóficos para pensar o social, em que as relações intersubjetivas têm peso na dinâmica da vida social e no modo como os indivíduos elaboram suas percepções do cotidiano. Na sequência, apresentamos alguns conceitos de George Robert Mead sobre o desenvolvimento social da mente, a estruturação do Eu e as implicações sociais para a formação da personalidade. Em seguida, analisamos a contribuição de Erving Goffman, para quem a vida social é um palco de representações e os sujeitos atuam conforme as reações uns dos outros e o modo como vão compreendendo, aceitando e recusando os diferentes papéis que lhes são atribuídos. Para finalizar esse capítulo, destacamos uma reflexão de Judith Butler sobre gênero e sociedade, mostrando como elementos heteronormativos, advindos de uma cultura patriarcal, atuam na construção das identidades de gênero com base em padrões sociais, muitas vezes preconceituosos e discriminatórios.

No sexto e último capítulo, "A pesquisa sociológica", buscamos apresentar uma abordagem resumida do processo de elaboração de uma pesquisa social. São demonstrados elementos metodológicos da pesquisa social, o papel das teorias e das hipóteses de trabalho, a identificação de variáveis, os cuidados éticos e, por fim, as etapas de elaboração de um projeto de pesquisa.

Consideramos como um diferencial desta obra a proposição de textos complementares ao longo dos capítulos. Trata-se de textos de outros autores que se dedicaram ao estudo dos diferentes temas contemporâneos contemplados nesta obra. Assim, após uma exposição didática de um tema ou de um autor, você pode recorrer a essas leituras, nas quais são reafirmados os argumentos e as ideias abordados ou aspectos complementares dos assuntos desenvolvidos.

Na estrutura deste livro também consta uma síntese ao final de cada capítulo para retomar os principais conceitos analisados. Existe, ainda, a seção "Indicações culturais", na qual são disponibilizadas sugestões de livros e filmes relacionados às temáticas desenvolvidas nos capítulos, de modo que você possa desenvolver as próprias análises. Além desse recurso, com o objetivo de possibilitar uma revisão dos conteúdos examinados, é proposto um conjunto de exercícios e atividades de pesquisa e aprendizagem.

Uma dica importante é seguir as orientações de leitura e complementação de estudo apresentadas na obra. Dessa forma, você obterá uma compreensão satisfatória dos assuntos abordados e terá cada vez mais condições de se posicionar diante do mundo com autonomia e independência intelectual.

Boa leitura e bons estudos!

organização
didático-pedagógica

Esta seção tem a finalidade de apresentar os recursos de aprendizagem utilizados no decorrer da obra, de modo a evidenciar os aspectos didático-pedagógicos que nortearam o planejamento do material e como o aluno/leitor pode tirar o melhor proveito dos conteúdos para seu aprendizado.

Introdução do capítulo

Logo na abertura do capítulo, você é informado a respeito dos conteúdos que nele serão abordados, bem como dos objetivos que o autor pretende alcançar.

Síntese

Você conta, nesta seção, com um recurso que o instigará a fazer uma reflexão sobre os conteúdos estudados, de modo a contribuir para que as conclusões a que você chegou sejam reafirmadas ou redefinidas.

Indicações culturais

Ao final do capítulo, o autor oferece algumas indicações de livros, filmes ou sites que podem ajudá-lo a refletir sobre os conteúdos estudados e permitir o aprofundamento em seu processo de aprendizagem.

Atividades de autoavaliação

Com estas questões objetivas, você tem a oportunidade de verificar o grau de assimilação dos conceitos examinados, motivando-se a progredir em seus estudos e a se preparar para outras atividades avaliativas.

Atividades de aprendizagem

Aqui você dispõe de questões cujo objetivo é levá-lo a analisar criticamente determinado assunto e aproximar conhecimentos teóricos e práticos.

Bibliografia comentada

Nesta seção, você encontra comentários acerca de algumas obras de referência para o estudo dos temas examinados.

1

Revisitando a sociologia clássica

No momento em que uma nova ordem de fenômenos torna-se objeto de ciência, eles já se acham representados no espírito, não apenas por imagens sensíveis, mas por espécies de conceitos grosseiramente formados. Antes dos primeiros rudimentos da física e da química, os homens já possuíam sobre os fenômenos físico-químicos noções que ultrapassavam a pura percepção, como aquelas, por exemplo, que encontramos mescladas a todas as religiões. É que, de fato, a reflexão é anterior à ciência, que apenas se serve dela com mais método.

(Émile Durkheim, em *As regras do método sociológico*)

Neste capítulo, apresentamos um retrospecto da sociologia clássica, abordando inicialmente os elementos que a definem na condição de ciência para, em seguida, enfocarmos a discussão proposta por Émile Durkheim em relação à divisão do trabalho e sua função na vida social. Na sequência, examinamos a crítica social de Karl Marx ao capitalismo e os elementos que embasam sua concepção de história como luta de classes. Por fim, descrevemos a análise de Max Weber sobre a relação entre protestantismo e capitalismo. O capítulo encerra com uma leitura complementar, um excerto da obra A ética protestante e o espírito do capitalismo, de Weber.

1.1
A sociologia como ciência

Você já deve ter ouvido que homens e mulheres são seres sociais. Mas o que isso significa? Na visão de Aristóteles, é da natureza humana a disposição para a vida social e gregária. Para esse pensador, o indivíduo humano precisa da família para sua proteção e seu desenvolvimento, mas sua sociabilidade plena só pode realizar-se na pólis, isto é, na vida social e política. Podemos identificar nesse pressuposto a gênese do pensamento social ocidental. Quando consideramos ainda as contribuições de autores como Platão, São Tomás de Aquino e Maquiavel, podemos falar de uma pré-sociologia, uma vez que esses e outros autores tiveram importante contribuição na pavimentação do caminho percorrido pelo pensamento social até se tornar uma ciência, a sociologia.

De modo preliminar, podemos afirmar que a sociologia é a ciência que estuda as manifestações da vida social lançando mão de métodos e instrumentos próprios de pesquisa com a finalidade de produzir um saber científico sobre a realidade social, ou sobre o que comumente chamamos de *sociedade*. Vale lembrar que a sociologia tem como foco central compreender fenômenos recorrentes na sociedade, os quais apresentam regularidade e servem de base para a explicação de padrões de comportamentos, das diferentes formas de ações sociais e dos processos e relações que envolvem o surgimento e a permanência de instituições e grupos. Refere-se, portanto, ao conjunto de fatores que auxiliam no entendimento da vida social, em sua constituição e gênese.

Como exemplo, vamos considerar o comportamento de ir a um jogo de futebol. Sem uma análise social, trata-se de um comportamento comum, típico das sociedades modernas afeitas a seus coletivos e vivências de grupo. No entanto, existem aspectos de interesse para a sociologia, como a existência de um sentimento de pertencimento a um grupo ou coletividade, a identificação com um ou mais símbolos, o compartilhamento de crenças em relação ao time e ao clube que representa ou ainda os vínculos de proximidade que existem entre os torcedores que dividem a mesma paixão. Mesmo as emoções e os sentimentos expressos na linguagem e nos gestos em uma partida de futebol são elementos que não podem estar ausentes na análise social, caso se queira compreender o comportamento das torcidas, ou o gosto pelas competições esportivas, ou ainda as rivalidades e os conflitos que surgem em função do futebol.

A mesma consideração vale para outros fenômenos, como o comportamento religioso, desde o mais singelo e pacífico até formas violentas de fanatismo e fundamentalismo. É possível pensar também nas relações de trabalho, nas manifestações culturais diversas, nos efeitos sociais da mídia, nas relações entre economia e sociedade, nos modelos de educação e nos valores que defendem e em diversos outros fenômenos da vida social. Ou seja, a sociologia se detém a analisar e compreender os diferentes aspectos e elementos que estão relacionados a dado fenômeno social. Isso faz com que sua análise vá além da superfície, da manifestação objetiva de um fenômeno social, uma vez que mergulha em sua profundidade e complexidade. Assim, essa ciência se revela muito útil, visto que produz conceitos e categorias que ajudam a explicar melhor os problemas que estuda, a estabelecer nexos causais entre fenômenos e a identificar tendências e regularidades, permitindo até mesmo que os conhecimentos produzidos contribuam para o melhoramento da vida social como um todo.

Desse modo, a construção do saber sociológico encontra na figura do cientista social seu artífice, pois o contato que esse cientista estabelece com a sociedade é de natureza singular. Essa percepção também é demonstrada por Peter Ludwig Berger, sociólogo luterano que nasceu na Áustria, mas migrou para os Estados Unidos ainda jovem. Ao falar de seu fascínio sobre a sociologia, Berger assinala que ela possibilita ao pesquisador uma imersão na vida social, transformando o conhecimento constituído sobre esse objeto.

> Isto também constitui uma transformação da consciência. Além disso, essa transformação é mais relevante, do ponto de vista existencial, que a de muitas outras disciplinas intelectuais, porque é mais difícil de segregar em algum compartimento especial do espírito. O astrônomo não vive nas galáxias distantes e, fora de seu laboratório, o físico nuclear pode comer, rir, amar e votar sem pensar em partículas atômicas. O geólogo só examina rochas em momentos apropriados e o linguista conversa com sua mulher na linguagem de todo o mundo. O sociólogo, porém, vive na sociedade, tanto em seu trabalho como fora dele. Sua própria vida, inevitavelmente, converte-se em parte de seu campo de estudo. Em vista da natureza humana ser o que é, os sociólogos também conseguem estabelecer uma separação entre sua atividade profissional e sua vida pessoal em sociedade. Mas é uma façanha um tanto difícil de ser realizada em boa-fé. (Berger, 1980, p. 31)

O autor chama atenção para o fato de que o trabalho do cientista social representa um desafio epistemológico, na medida em que, imerso na realidade social, não deixa de ser produto e produtor dessa mesma realidade social. É importante para esse indivíduo manter certo distanciamento e objetividade em relação ao objeto de seus estudos. Além desse cuidado, precisa cultivar um saudável senso autocrítico no tocante às influências que recebeu e recebe. Tudo isso como forma de tentar garantir que seus estudos e análises tenham algo mais a revelar do que meras opiniões.

Como ciência, a sociologia se desenvolve no contexto das ciências sociais, que abrange os estudos da antropologia, do direito, da geografia humana, da filosofia, da ciência política, entre outras áreas. São campos voltados ao fator humano, na sua relação com o meio, com seus semelhantes, com grupos e instituições. Como mencionamos, a sociologia é uma área com métodos próprios de investigação, tendo como sua principal tarefa oferecer conhecimentos para ampliar a compreensão sobre a sociedade em que vivemos.

Desde tempos remotos, a presença humana no mundo tem despertado interesse, fazendo surgir diferentes formas de explicar a sociedade, suas mudanças e transformações. Antes da constituição do conhecimento filosófico, predominavam explicações míticas sobre a realidade. Era comum na cultura mítica recorrer às ações dos deuses para dar sentido aos acontecimentos. O natural era explicado em boa medida pelo sobrenatural. A partir do advento da filosofia, o pensamento humano passou por um processo de emancipação, buscando por si mesmo as razões lógicas, naturais e humanas para o que acontecia no mundo e na sociedade.

Com o passar do tempo, o saber filosófico abriu caminho para o conhecimento científico. Mais do que contemplar o mundo, era preciso intervir nele. O conhecimento adquiriu um viés ativo e transformador. Nesse contexto, no século XVIII, ocorreu a Revolução Industrial e com ela uma mudança radical na cultura e nos costumes ocidentais. O mundo medieval foi deixado para trás e a antiga cosmovisão teocêntrica da vida perdeu sua força.

A Revolução Industrial provocou um conjunto de mudanças e transformações sociais, entre elas o surgimento de fábricas e uma nova cultura de enaltecimento do trabalho. A consolidação do capitalismo ajudou a redesenhar a geografia das cidades em um processo de urbanização acelerado e formação de grandes centros urbanos. Nesse cenário surgiram problemas como criminalidade, delinquência, prostituição, alcoolismo e suicídios. A vida social dos trabalhadores se degradou, doenças se proliferaram e os conflitos crescentes entre trabalhadores e patrões se tornaram inevitáveis. A sociologia surgiu como uma resposta intelectual a essa realidade, buscando formular explicações rigorosas e científicas que pudessem apontar as causas desses problemas. Assumiu o desafio de formular teorias, descobrir leis que pudessem explicar o funcionamento da sociedade e, de alguma forma, ajudá-la a superar suas dificuldades.

Para avançarmos no raciocínio sobre o tema podemos refletir sobre seguinte indagação: Diante da complexidade do mundo em que vivemos e de seus problemas, como crises econômicas, desemprego e conflitos sociais diversos, qual seria a contribuição da sociologia?

Parte da resposta inclui compreender que a sociologia representa uma forma de saber rigoroso e sistemático sobre a realidade social, um esforço de traduzir em leis e princípios explicativos a pluralidade e a diversidade desse objeto. Esse esforço em conhecer e interpretar a sociedade se desdobra em três áreas de conhecimentos complementares, que foram o escopo das **ciências sociais**: a antropologia, a ciência política e a sociologia.

A **ciência antropológica**, como o próprio nome sugere, tem seu foco de estudo no homem e nas diferentes formas de agrupamentos, existindo essencialmente dois eixos de investigação, um ligado à realidade física e outro voltado às manifestações culturais. Um desses eixos ocupa-se de aspectos materiais de sociedades ou de civilizações antigas, abrangendo estudos que envolvem outras áreas, como a paleontologia, a arqueologia e a anatomia. Interessa-se por pesquisar ancestrais humanos, comunidades primitivas e os processos de mudança e evolução das sociedades humanas. O outro eixo volta-se para as culturas humanas e as mudanças de *habitus* e costumes, as formas de organização social e religiosa, as hierarquias e relações de poder entre diferentes grupos de indivíduos. Os resultados ajudam a compreender povos nativos, tribos e comunidades ancestrais e a criar possibilidades de diálogo e aproximação com eles.

A **ciência política** firmou-se a partir da metade do século XIX, tornando-se uma disciplina independente voltada ao estudo científico das relações políticas e da organização do poder. Apesar de ser considerada jovem, essa ciência é um saber com forte tradição no pensamento social e filosófico, que perpassa da Antiguidade greco-romana até os dias atuais.

Por fim, a **sociologia** se singulariza pela abordagem científica da sociedade, buscando explicar as causas das diferentes formas de organização social, bem como os processos que interligam diferentes indivíduos, grupos e instituições, ou os conflitos que os separam e os tensionam.

A atenção da pesquisa sociológica volta-se para a regularidade dos comportamentos sociais, os padrões que surgem e que, no curso do tempo, tornam-se a base estrutural de grupos sociais. Como exemplo, podemos pensar na reconfiguração do conceito tradicional de família diante das relações homoafetivas.

Leitura complementar

Na busca de constituir uma Sociologia científica com objeto e método claramente definidos, muitas hipóteses explicativas da natureza da vida social e das possíveis leis de sua evolução foram propostas, emulando, com frequência, modelos de investigação e demonstração já consagrados – particularmente pelas ciências físicas e naturais. Nessa linha, a teoria evolucionista exerceu profunda atração sobre a Sociologia e a Antropologia, estimulando a utilização de analogias entre a sociedade e os organismos. A sociedade era vista como um sistema vivo, dotado de funções e relações ordenadas, como uma estrutura que unifica seus componentes diferenciados, garantindo a continuidade harmônica do todo em atividade. O inglês Herbert Spencer (1820-1903) foi o sociólogo mais representativo dessa corrente. Ele difundiu o chamado darwinismo social – a teoria do evolucionismo biológico aplicada à compreensão dos fenômenos e, particularmente, das desigualdades sociais, através de conceitos como: evolução, seleção natural, luta, sobrevivência. A lei do progresso orgânico, acreditava Spencer, é a lei de todo progresso, que transforma o simples em complexo por meio de diferenciações sucessivas e da especialização de funções. Isso se ajusta à sociedade, que teria evoluído para o tipo industrial. Para ele, "uma sociedade não é mais do que um nome coletivo empregado para designar certo número de indivíduos. É a permanência das relações existentes entre as partes constitutivas que faz a individualidade de um todo e que a distingue da individualidade das partes". Sendo os indivíduos – unidades elementares – organismos sujeitos às leis biológicas, o arranjo e a distribuição das funções reguladoras da convivência social estariam submetidos às mesmas leis do mundo natural. A sociedade

é um organismo [e] apresenta um crescimento contínuo. À medida que ela cresce, suas partes tornam-se dessemelhantes, sua estrutura fica mais complicada e as partes dessemelhantes assumem funções também dessemelhantes. Essas funções não são somente diferentes: suas diferenças são unidas por via de relações que as tornam possíveis umas pelas outras. A assistência que mutuamente se prestam acarreta uma mútua dependência das partes. Finalmente, as partes, unidas por esse liame de dependência mútua, vivendo uma pela outra e uma para a outra, compõem um agregado constituído segundo o mesmo princípio geral de um organismo individual. A analogia de uma sociedade com um organismo torna-se, ainda, mais surpreendente quando se vê que todo organismo de apreciável volume é uma sociedade... [Spencer, 1977, p. 148-149]

O modelo de relações que a caracteriza é o contrato, porque os indivíduos procuram associar-se na busca da própria felicidade ou graças ao seu autointeresse, e o tipo de ordem daí resultante é utilitário. Concepções evolucionistas desse tipo continuam a exercer certo fascínio, dada a simplicidade de seu esquema explicativo.

Em meados do século 19, Karl Marx (1818-1883), afastando-se da filosofia idealista alemã, concentrava seus esforços em compreender "os homens de carne e osso", movidos por suas necessidades materiais e inseridos no rio da História. Embora sua obra não possa ser considerada estritamente sociológica, ela lançou as bases para explicar a vida social a partir do modo como os homens produzem socialmente sua existência por meio do trabalho, e de seu papel enquanto agentes transformadores da sociedade. Isto trouxe de volta ao centro do debate político e intelectual o tema da desigualdade social, vinculando-o a processos histórico-sociais.

Fonte: Quintaneiro; Barbosa; Oliveira, 2002, p. 20-21.

1.2
Émile Durkheim

O pensamento social de Émile Durkheim foi influenciado por suas leituras de Auguste Comte (1798-1857) e Herbert Spencer (1820-1903), autores que marcaram sua trajetória intelectual com forte acento em uma perspectiva positivista. Nascido na França em 1858, afastou-se da tradição familiar ligada ao judaísmo, escolhendo uma carreira na vida acadêmica. Formou-se em Filosofia em 1882, mas, nos anos seguintes, seu interesse voltou-se aos estudos sobre a sociedade, o que o levou a mudar-se para a Alemanha, onde buscou aprofundar-se sobre a realidade social. Em 1887, retornou à França para se tornar professor na Universidade de Bordeaux e, posteriormente, na Sorbonne, onde ficou até o fim da carreira. Durkheim teve papel determinante no reconhecimento da sociologia como disciplina acadêmica.

O viés conservador da abordagem de Durkheim pode ser explicado, em parte, pelo contexto de sua obra. Esse autor viveu no período histórico da Terceira República Francesa, época marcada por diversos conflitos e instabilidades sociais e políticas. Diante de uma sociedade industrial complexa e problemática, caracterizada por contrastes, contradições e desigualdades, Durkheim estava atento aos perigos da desagregação social. É bem provável que as instabilidades sociais de sua época o tenham afetado e tenham começado a fazer parte do foco de seus estudos. Durkheim considerava que os desdobramentos da Primeira Guerra Mundial (1914-1918), as transformações ocorridas em função da Revolução Industrial, provocaram mudanças sociais que enfraqueceram os laços sociais, favorecendo o declínio da moral religiosa e fazendo surgir um cenário de futuro incerto, não só para a França, mas para toda a Europa. Durkheim morreu em 1917, ano da Revolução Russa, depois de ter alcançado grande notoriedade e credibilidade no âmbito da nova ciência que ajudara a criar.

Para esse autor, caberia à sociologia, na condição de ciência, compreender o funcionamento da sociedade, seus princípios e leis, no intuito de descobrir novas possibilidades para se estabelecerem laços de solidariedade social. Tendo como escopo as ciências da natureza, a sociologia deveria aprimorar seus métodos com base nas análises factuais, depurando a nova ciência das influências das filosofias sociais anteriores a sua obra, inclusive do próprio Auguste Comte, que, segundo Durkheim, não conseguiu desvencilhar-se dessas influências.

No tocante à temática do modelo de sociedade, Durkheim posiciona-se de modo conservador, argumentando que são os indivíduos que devem adaptar-se à sociedade e não o contrário. A preocupação de Durkheim é com a ordem social futura, que se desenhava no curso da modernidade. Não podemos esquecer que o modelo epistêmico do qual parte Durkheim é a biologia. Nessa perspectiva, a sociedade é concebida como um organismo social vivo em evolução, um todo que deveria funcionar de modo integrado. A sociedade é, portanto, anterior ao indivíduo; as bases objetivas da sociedade forçam a conformação dos indivíduos em relação às regras sociais, o que ele definiu como **fato social**, ou seja, formas de ser, de agir e de pensar que se impõem aos indivíduos. Os fatos sociais tornam-se constructos de caráter externos e objetivos, pois estão fora dos indivíduos; são gerais, pois aparecem numa vasta densidade humana e territorial; e são coercitivos, – pois há sanções para quem não se adapta às normas e aos padrões da vida social.

1.2.1 A divisão do trabalho social

A perspectiva analítica de Durkheim passou para a história da sociologia identificada como **funcionalismo positivista**. Isso significa dizer que, para esse autor, a sociedade moderna é uma realidade complexa que, com seus processos de integração, tenta equilibrar a relação entre indivíduo e sociedade.

Em sua obra *Da divisão do trabalho social*, de 1893, Durkheim busca investigar os diferentes tipos de sociedade e os mecanismos que atuam em seu interior. Esses mecanismos podem contribuir para a coesão e o bom funcionamento dessas sociedades ou então para o enfraquecimento da integração e da funcionalidade delas, um cenário que favorece a instauração de situações de anomia, isto é, situações nas quais os laços de solidariedade enfraquecem, fazendo surgir todo tipo de problema com potencial de ameaça à integração e à reprodução da vida social.

De acordo com Durkheim, existem basicamente dois tipos de sociedade, as tradicionais e as complexas. As **sociedades tradicionais** podem ser ilustradas pelas tribos indígenas ou mesmo pelas comunidades quilombolas brasileiras. Nesses agrupamentos, é muito comum a predominância de um tipo de solidariedade que ele denomina de *mecânica*, pelo fato de apresentar fortes vínculos de solidariedade social, uma vez que seus membros compartilham de uma mesma consciência coletiva, com valores e crenças comuns a toda a tribo ou comunidade. Entre os indivíduos desses grupos existe pouca diferenciação e a divisão do trabalho é bastante simplificada, sendo as tarefas realizadas, na maioria das vezes, de modo coletivo e cooperativo.

Nas **sociedades complexas**, industriais, o que contribui ou deveria contribuir para manter os vínculos entre as pessoas, além da moralidade, é a divisão do trabalho social. Isso equivale a dizer que nessas sociedades existe um conjunto diversificado de tarefas e atividades desenvolvidas por um vasto corpo social, formado por profissionais, grupos, classes, indivíduos e instituições. Essa realidade forma um tipo de solidariedade que Durkheim chama de *orgânica*, isto é, um conjunto de relações de interdependência entre as pessoas, visto que os indivíduos não podem sozinhos prover tudo aquilo de que precisam, por isso dependem uns dos outros. Durkheim acreditava que, quanto mais as pessoas fossem envolvidas nesse processo, com esses vínculos fortalecidos, mais os processos de integração e reprodução da vida social estariam assegurados.

Nas sociedades simples, a regulação das condutas passa pela consciência coletiva e pela força das normas morais do grupo. Tanto é assim que, quando algum membro do grupo fere essas normas, a punição é severa, às vezes, fatal. Trata-se de uma noção de direito punitivo, em que o foco pedagógico da ação é o reforço das normas para o grupo. Dessa forma, o custo da transgressão é pesado, tornando a desobediência um tabu para a comunidade. Já nas sociedades complexas, as normas derivam da educação e da divisão do trabalho. O direito apresenta um caráter restitutivo, e os desvios são punidos com vistas ao equilíbrio social e à reinserção do infrator; assim, o direito ganha um caráter ao mesmo tempo coletivo e individual.

É importante ressaltar que a preocupação de Durkheim era a manutenção da ordem social, o que lhe valeu a crítica de ser um autor tradicionalista e conservador. Não faz parte do horizonte teórico desse estudioso uma crítica social radical ou a proposição de um tipo diferente de sociedade. Sua preocupação central não era a transformação da sociedade, mas a condução orientada das mudanças sociais para um melhoramento lento e progressivo da vida social.

Para Durkheim, considerando-se a realidade das sociedades complexas, os problemas sociais têm como causa comum a ampliação de processos anômicos. De acordo com o autor, para evitar um estado de anomia generalizado, com potencial para destruir a sociedade, existem três soluções. A primeira consiste na a educação moral das crianças e dos jovens, conforme seu grupo social. A segunda refere-se à ação estratégica do Estado, isto é, para Durkheim, o poder legislativo configura o cérebro da sociedade e teria a responsabilidade de, recebendo as diferentes demandas da sociedade, ponderar e deliberar visando à preservação do todo social. A divisão do trabalho social configura o terceiro eixo de organização da vida coletiva; sua eficiência encontra-se na capacidade de envolver os membros de uma sociedade na mútua colaboração com base na diversificação e especialização das tarefas (Sell, 2009).

Leitura complementar

Os dois tipos de solidariedade

[...] A *solidariedade* é chamada mecânica quando "liga diretamente o indivíduo à sociedade, sem nenhum intermediário", constituindo-se de "um conjunto mais ou menos organizado de crenças e sentimentos comuns a todos os membros do grupo: é o chamado **tipo coletivo**" [Durkheim, 1967, p. 113]. Isso significa que não encontramos ali aquelas características que diferenciam tão nitidamente uns dos outros os membros de uma sociedade, a ponto de podermos chamá-los de **indivíduos**. Suas consciências se assemelham, eles são pouco ou quase nada desiguais entre si e por isso a solidariedade entre eles deve-se às similitudes que compartilham.

[...]

[...] [Quando] desenvolve-se uma **densidade material** – concentra-se a população, formam-se cidades, aumenta a natalidade e também as "vias de comunicação e transmissão rápidas e em quantidade que, suprimindo ou diminuindo os vazios que separam os segmentos sociais, aumentam a densidade da sociedade" [Durkheim, 1967, p. 220-221]. A condensação da sociedade, ao multiplicar as relações intersociais, leva ao progresso da divisão do trabalho. À medida que se acentua a divisão do trabalho social, a solidariedade mecânica se reduz e é gradualmente substituída por uma nova: a **solidariedade orgânica** ou **derivada da divisão do trabalho**. Institui-se então um processo de individualização dos membros dessa sociedade que passam a ser solidários por terem uma esfera própria de ação. Com isso ocorre uma interdependência entre todos e cada um dos demais membros que compõem tal sociedade. A função da divisão do trabalho é, enfim, a de integrar o corpo social, assegurar-lhe a unidade. É, portanto, uma condição de existência da sociedade organizada, uma necessidade. Sendo esta sociedade "um sistema de funções diferentes e especiais", onde cada órgão tem um papel diferenciado, a função que o indivíduo desempenha é o que marca seu lugar na sociedade, e os grupos formados por pessoas unidas por afinidades especiais tornam-se órgãos, e "chegará o dia em que toda organização social e política terá uma base exclusivamente ou quase exclusivamente profissional" [Durkheim, 1967, p. 163]. [...] Segundo Durkheim, somente existem **indivíduos** no sentido moderno da expressão quando se vive numa sociedade altamente diferenciada, ou seja, onde a divisão do trabalho está presente, e na qual a **consciência coletiva** ocupa um espaço já muito reduzido em face da **consciência individual**.

Essas duas formas de solidariedade evoluem em razão inversa: enquanto uma progride, a outra se retrai, mas cada uma delas, a seu modo, cumpre a função de assegurar a coesão social nas sociedades simples ou complexas.

Fonte: Quintaneiro, 2002, p. 79-81, grifo do original.

1.3
Karl Marx e a sociedade capitalista

A formação de Marx foi plural e interdisciplinar, abrangia filosofia, história, economia e sociologia. O contexto de sua vida política e intelectual foi marcado pelas grandes transformações sociais em curso na Europa no século XIX. Karl Marx nasceu em 1818, em Tréveris, região pertencente à Confederação Germânica, e morreu em 1883, em Londres, aos 65 anos. Em Berlim, estudou filosofia e aproximou-se do círculo dos críticos de Hegel, a então chamada *esquerda hegeliana*. Esse grupo recebeu esse nome por fazer oposição a uma interpretação determinista da filosofia política de Georg Wilhelm Friedrich Hegel feita pela direita hegeliana. Esse grupo de direita era formado por alunos e professores de prestígio que defendiam que o momento social e político da Prússia daquela época representava a síntese histórica à qual se referia Hegel.

Para o jovem Marx e o grupo formado pela esquerda hegeliana, o Estado prussiano estava longe de representar o escopo final do desenvolvimento social e político da sociedade. O uso da religião como forma de controle social das massas era um dos pontos centrais da crítica de Marx aos defensores do modelo hegeliano de Estado.

Por causa dessa oposição, Marx teve de fugir para Colônia e desistir de se tornar professor universitário, mas descobriu um gosto especial pela escrita militante, ao se tornar jornalista e chefe de redação da *Gazeta Renana*. Suas análises críticas e perspicazes sobre os problemas sociais da época fizeram com que fosse perseguido e o jornal fosse fechado.

Antes de se mudar para Paris em 1843, Marx casou-se com a jovem aristocrata Jenny von Westphalen. Vivendo na capital francesa, Marx entrou em contato com o movimento socialista e iniciou uma amizade duradoura com seu fiel amigo e colaborador, Friedrich Engels. Em decorrência de suas ideias e atividades revolucionárias, Marx foi expulso de Paris, mudando-se para Bruxelas. Nesse período, envolveu-se intensamente com a luta dos trabalhadores, o que o influenciou a escrever seu famoso texto *Manifesto do Partido Comunista*, uma obra que tinha o claro objetivo de ajudar na conscientização e organização da classe trabalhadora da época.

Marx não era somente um intelectual; apesar da extensa obra produzida, ele dividia seu tempo entre o gabinete e as ruas. Ajudou nos levantes de Paris e participou ativamente da revolução na Alemanha em 1849. Com o fracasso dessas inciativas, Marx buscou refúgio na Inglaterra, passando a morar em Londres. Convencido de que precisava entender as causas do insucesso dos levantes revolucionários, iniciou um profundo estudo sobre o capitalismo, o que culminaria com sua obra *O capital*. As análises de Marx sobre o modelo econômico capitalista se converteram em um trabalho complexo e original sobre a própria sociedade capitalista. Mais que um estudo de viés econômico, *O capital* se tornaria um tratado sobre o funcionamento da sociedade fundada na economia de mercado.

Marx ajudou a construir uma organização global de trabalhadores, a Primeira Internacional, e produziu uma vasta obra sobre diversos assuntos, como política, história e economia. Como autor e militante, ele devotou a vida à construção de um sonho, um projeto, que visava transformar a realidade social de modo que os homens pudessem viver em uma associação livre, sem exploração nem opressão, ou seja, que pudessem ter uma vida digna e cheia de sentido.

Ao se posicionar em relação a uma filosofia da história, Marx reconheceu a contribuição de Hegel, mas o criticou afirmando que sua dialética estava de cabeça para baixo e que era necessário colocá-la em pé. Com sua doutrina do materialismo histórico, Marx acreditava ter resgatado a dialética da ideologia idealista de inspiração hegeliana, mostrando que é a realidade social e as lutas históricas que produzem as ideias e fazem a consciência humana avançar.

Para Marx, é o modo como as pessoas vivem que determina seu jeito de pensar e de representar a realidade. Isso equivale a dizer que não existe uma essência humana dada de modo inato, são os homens que constroem sua humanidade em um processo histórico de relações sociais mediadas pelo trabalho. O que Marx quer dizer é que, se o trabalho se processa em uma relação de domínio e exploração, tal como ocorre no capitalismo, a realidade social será, em parte, um reflexo dessa condição. Se, para Hegel, a história é projeção do espírito humano transformando a natureza a sua imagem e semelhança, para Marx, a história é movida pela luta de classes. Ainda de acordo com Marx, as transformações sociais e históricas ocorrem em virtude dos conflitos e antagonismos entre dominantes e dominados, senhores e escravos, oprimidos e opressores e, na sua versão histórica mais recente, pela relação conflituosa entre trabalhadores e burgueses. Os direitos conquistados, ou as injustiças impostas, são frutos desse embate.

Assim, segundo Marx, o entendimento da realidade social deve se basear na vida concreta e nas condições materiais da existência humana. A teoria deve fazer falar a realidade e ainda deve transformá-la. Não adianta os filósofos e os intelectuais continuarem sucessivamente interpretando a realidade, é necessário transformá-la, de modo a construir uma sociedade na qual o custo da vida ostentosa de uma minoria não seja a morte precoce de milhares de excluídos. No bojo do pensamento social de Marx está uma ética profundamente humana de inspiração judaica e iluminista.

Outras influências vieram dos teóricos da economia clássica, como Adam Smith (1723-1790) e David Ricardo (1772-1823), que ajudaram Marx a refletir sobre os processos de geração da riqueza. No entanto, ao contrário desses autores, Marx percebeu que a riqueza vem do trabalho excedente que não é pago. O lucro não questionado pelos economistas clássicos representa aquela porção de trabalho não pago, o que Marx chamou de **mais-valia**. O lucro só é possível pela usurpação privada do fruto do trabalho social e coletivo, o que Marx considerava uma aviltação do sentido ontológico do trabalho, que deveria ser um fator de humanização dos homens e não de sua miséria e degradação.

Também os socialistas utópicos, como Saint-Simon (1760-1825), Charles Fourier (1772-1837) e Robert Owen (1771-1858), contribuíram para essa reflexão identificando vários elementos críticos e problemáticos da sociedade capitalista. Entretanto, diferentemente desses autores, Marx desenvolveu o socialismo como uma teoria científica, capaz não só de explicar o mundo capitalista, mas também de propor instrumentos para sua superação.

Outra influência no pensamento de Marx foi a crítica da religião de Ludwig Feuerbach (1804-1872). Esse filósofo alemão se tornou notório em sua época ao afirmar que a teologia é na verdade uma forma de antropologia e a religião, uma forma de alienação. Marx, porém, entende que a causa de fundo da alienação religiosa é a alienação econômica e seus efeitos no modo como os homens representam a sociedade em que vivem. A religião representaria uma forma de narcótico que dificulta aos pobres e trabalhadores a compreensão das causas de sua miséria. Nas palavras do próprio Marx (2008, p. 6, grifo do original),

> A miséria **religiosa** é, ao mesmo tempo, a **expressão** da miséria real e o **protesto** contra a miséria real. A religião é o suspiro da criatura oprimida, o âmago de um mundo sem coração e a alma de situações sem alma. É o **ópio** do povo. A abolição da religião enquanto felicidade **ilusória** dos homens é a exigência da sua felicidade **real**. O apelo para que eles deixem as ilusões a respeito da sua situação **é o apelo para abandonarem uma situação que precisa de ilusões**. A crítica da religião é, pois, em **germe a crítica do vale de lágrimas** de que a religião é a **auréola**. A crítica colheu nas cadeias as flores imaginárias, não para que o homem suporte as cadeias sem fantasia ou sem consolação, mas para que lance fora as cadeias e colha a flor viva. A crítica da religião liberta o homem da ilusão, de modo que ele pense, atue e configure a sua realidade como homem que perdeu as ilusões e recuperou o entendimento, a fim de que ele gire

à volta de si mesmo e, assim, à volta do seu verdadeiro sol. A religião é apenas o sol ilusório que gira à volta do homem enquanto ele não gira à volta de si mesmo.

Na perspectiva de Marx, como a alienação religiosa é uma consequência da alienação econômica, a superação das condições materiais da miséria e da opressão levaria à superação da religião como uma forma infantilizada de cultura e de vida social. A superação da alienação econômica pela transformação da sociedade capitalista produziria a emancipação humana e a superação de diferentes formas de alienação e mistificação.

1.3.1 A luta de classes como motor da história

De acordo com a abordagem sociológica de Marx, as mudanças sociais ocorrem em função do modo como os homens organizam a própria subsistência, sendo o trabalho um instrumento de sua sociabilidade, pois na produção social de sua existência os homens

entram em relações determinadas, necessárias, independentes de sua vontade; essas relações de produção correspondem a um grau determinado de desenvolvimento de suas forças produtivas materiais. A totalidade dessas relações de produção constitui a estrutura econômica da sociedade, a base real sobre a qual se eleva uma superestrutura jurídica e política e a qual correspondem formas sociais determinadas de consciência. O modo de produção da vida material condiciona o processo de vida social. Não é a consciência que determina o seu ser; ao contrário, é o seu ser social que determina sua consciência. (Marx, 2008, p. 47)

Com isso Marx quer mostrar que existe uma correspondência entre a forma como as sociedades se organizam em termos produtivos e econômicos e seus efeitos na vida social. Quando os homens compreendem como ocorre a organização da sociedade, eles passam a atuar sobre ela na forma de uma luta de classes – uma luta nem sempre explícita, mas perceptível em meio às tensões e aos conflitos que dela derivam.

Vejamos esquematicamente, nos quadros a seguir, como Marx explica o processo histórico e a luta de classes na história.

Quadro 1.1 – Modo de produção primitivo

Ideologia	Religião primitiva
Estado	Organização tribal
Relações de produção	Propriedade coletiva Não existem classes sociais
Forças produtivas	Cultivo comum da terra

Fonte: Sell, 2009, p. 55.

Segundo Marx, ao longo da história ocorreram diferentes formas de organizar a produção e a vida social. No período primitivo, havia pouca diferenciação entre os indivíduos de um grupo, e a divisão social do trabalho era simplificada em poucas tarefas e organizada com forte senso comunitário.

Quadro 1.2 – Modo de produção escravista

Ideologia	Religião do Estado
Estado	Impérios centralizados (Ex.: Egito, Grécia, Roma)
Relações de produção	Senhores e escravos
Forças produtivas	Cultivo da terra com base na escravidão

Fonte: Sell, 2009, p. 55.

Apesar da organização escravocrata, predominavam relações sociais mais coletivas. A existência dos escravos na base da pirâmide social e econômica reforça uma concepção aristocrática e elitista de sociedade, o que, no curso da história, produziu reações e sublevações por parte dos escravos.

Quadro 1.3 – Modo de produção feudal

Ideologia	Catolicismo
Estado	Poder descentralizado (Feudos)
Relações de produção	Senhores e servos
Forças produtivas	Cultivo da terra por arrendamento

Fonte: Sell, 2009, p. 56.

O servilismo apresenta uma novidade em relação ao potencial de liberdade e de autonomia de que gozava o servo em comparação com o escravo. As relações sociais se vinculam culturalmente pela obediência dos vassalos para com os senhores, e a religião fornece o elemento unificador e de coesão social.

Quadro 1.4 – Modo de produção capitalista

Ideologia	Cultura burguesa – individualismo
Estado	Estado parlamentar
Relações de produção	Burguesia × proletariado
Forças produtivas	Indústria

Fonte: Sell, 2009, p. 56.

Com base nos quadros apresentados, é possível perceber a concepção de história de Marx como um processo de luta e embates entre as classes fundamentais ligadas ao processo produtivo. Por isso ele fez questão de falar em modo de produção econômico, para, com isso, mostrar que ao longo da história existiram diferentes formas de organizar a economia e a vida social, inclusive formas mais coletivas e cooperativas, como no caso das comunidades ancestrais que praticavam um tipo de comunismo primitivo. Tal perspectiva reforça a ideia de que toda forma de organização social é histórica e, portanto, relativa, existindo sempre a possibilidade de ser criticada, avaliada, desconstruída e modificada.

A versão mais recente da luta de classes tem sido travada com base no modo de produção capitalista. A contradição entre capital e trabalho aumentou o abismo entre ricos e pobres, acirrando as tensões entre os proprietários dos meios de produção, os burgueses e os proletários, que possuem unicamente a força de trabalho. Essa oposição entre capital e trabalho, ao se agravar progressivamente, levaria à derrubada da sociedade burguesa pela revolta dos trabalhadores, e com isso seria criada uma sociedade sem classes, por meio da abolição da propriedade privada dos meios de produção.

Leitura complementar

A ideologia alemã e em especial a filosofia alemã

[...]

A *produção de ideias*, de representações e da consciência está em primeiro lugar direta e intimamente ligada à atividade material e ao comércio material dos homens; é a linguagem da vida real. As representações, o pensamento, o comércio intelectual dos homens surge aqui como emanação direta do seu comportamento material. O mesmo acontece com a produção intelectual quando esta se apresenta na linguagem das leis, política, moral, religião, metafísica etc., de um povo. São os homens que produzem as suas representações, as suas ideias, etc., mas os homens reais, atuantes e tais como foram condicionados por um determinado desenvolvimento das suas forças produtivas e do modo de relações que lhe corresponde, incluindo até as formas mais amplas que estas possam tomar. A consciência nunca pode ser mais do que o ser consciente e o ser dos homens é o seu processo da vida real. E se em toda a ideologia os homens e as suas relações nos surgem invertidos, tal como acontece numa câmera obscura isto é apenas o resultado do seu processo de vida histórico, do mesmo modo que a imagem invertida dos objetos que se forma na retina é uma consequência do seu processo de vida diretamente físico.

Contrariamente à filosofia alemã, que desce do céu para a terra, aqui parte-se da terra para atingir o céu. Isto significa que não se parte daquilo que os homens dizem, imaginam e pensam nem daquilo que são nas palavras, no pensamento, na imaginação e na representação de outrem para chegar aos homens em carne e osso; parte-se dos homens, da sua atividade real. É com base em seu processo de vida real que se representa o desenvolvimento dos reflexos e das repercussões ideológicas deste processo vital. Mesmo as fantasmagorias correspondem, no cérebro humano, a sublimações necessariamente resultantes do processo da sua vida material que pode ser observado empiricamente e que repousa em bases materiais. Assim, a moral, a religião, a metafísica e qualquer outra ideologia, tal como as formas de consciência que lhes correspondem, perdem imediatamente toda a aparência de autonomia. Não têm história, não têm desenvolvimento; serão antes os homens que, desenvolvendo a sua produção material e as suas relações materiais, transformam, com esta realidade que lhes é própria, o seu pensamento e os produtos desse pensamento... Não é a consciência que determina a vida, mas sim a vida que determina a consciência. Na primeira forma de considerar este assunto, parte-se da consciência como sendo o indivíduo vivo, e na segunda, que corresponde à vida real, parte-se dos próprios indivíduos reais e vivos e considera-se a consciência unicamente como sua consciência.

Esta forma de considerar o assunto não é desprovida de pressupostos. Parte de premissas reais e não as abandona um único instante. Estas premissas são os homens, não isolados nem fixos de uma qualquer forma imaginária, mas apreendidos no seu processo de desenvolvimento real em condições determinadas, desenvolvimento este que é visível empiricamente. Desde que se represente este processo de atividade vital, a história deixa de ser uma coleção de fatos sem vida, como a apresentam os empiristas, que são eles próprios ainda abstratos, ou a ação imaginária de sujeitos imaginários, como a apresentam os idealistas.

É onde termina a especulação, isto é, na vida real, que começa a ciência real, positiva, a expressão da atividade prática, do processo de desenvolvimento prático dos homens. É nesse ponto que termina o fraseado oco sobre a consciência e o saber real passa a ocupar o seu lugar. Ao expor a realidade, a filosofia deixa de ter um meio onde possa existir de forma autônoma. Em vez dela poder-se-á considerar, quando muito, uma síntese dos resultados mais gerais que é possível abstrair do estudo do desenvolvimento histórico dos homens. Estas abstrações, tomadas em si, destacadas da história real não têm qualquer valor. Podem quando muito servir para classificar mais facilmente a matéria, para indicar a sucessão das suas estratificações particulares. Mas não dão, de forma alguma, como a filosofia, uma receita, um esquema segundo o qual se possam acomodar as épocas históricas. Pelo contrário, a dificuldade começa precisamente quando se inicia o estudo e a classificação desta matéria, quer se trate de uma época passada ou do tempo presente. A eliminação destas dificuldades depende de premissas que é impossível desenvolver aqui, pois resultam do estudo do processo de vida real e da atuação dos indivíduos de cada época. Iremos explicar através de exemplos históricos algumas das abstrações [sic] consciência que usaremos quando do estudo da ideologia.

Fonte: Marx; Engels, 2017, p. 20-23.

1.4
Max Weber, economia e religião

Nascido em 1864 na cidade de Erfurt, na Alemanha, Karl Emil Maximilian Weber realizou seus estudos em Heidelberg e, posteriormente, em Berlim. Era um homem de múltiplos interesses, tendo estudado filosofia, economia, história e teologia. Em 1891, doutorou-se em Direito, e dois anos depois se casou com Marianne Schnitger. Atuou como docente por vários anos, tendo lecionado em Freiburg, Berlim e Heidelberg. Anos depois, ajudou a fundar uma das principais publicações em ciências sociais na Alemanha, *Arquivo para a Ciência Social e a Ciência Política*. Em viagem para os Estados Unidos, Weber entrou em contato direto com a nação mais capitalista do mundo, o que despertou seu interesse em estudar a economia e a sociedade capitalista.

Em 1918, aceitou o convite para lecionar na Universidade de Viena e, talvez pelo fato de ter presenciado as consequências da Primeira Guerra Mundial, seus estudos buscam explicar a relação entre economia, política e organização jurídica dos países. Esses estudos acentuam o aspecto culturalista de sua obra:

> *[...] existe um ponto decisivo [...] com que somos conduzidos para uma **peculiaridade** decisiva do método nas ciências da cultura; ou seja, nas disciplinas que aspiram a conhecer os fenômenos da vida segundo a sua **significação** cultural.*

A **significação** da configuração de um fenômeno cultural e a causa dessa significação não podem, contudo, deduzir-se de qualquer sistema de conceitos de leis [...] dado que pressupõe a relação dos fenômenos culturais com ideias de valor. (Weber, 1991, p. 92, citado por Sell, 2009, p. 107, grifo do original)

Dessa forma, Weber estabeleceu seu pressuposto epistemológico central indicando uma diferença marcante entre as ciências da natureza, que explicam o mundo natural em termos de uma relação causal, e as ciências do espírito, ou culturais, como no caso da sociologia, que busca compreender as relações entre os fatores humanos e os fenômenos sociais.

1.4.1 Individualismo metodológico

Essa abordagem weberiana da realidade social e humana ficou conhecida como *individualismo metodológico*, uma perspectiva que possibilita estabelecer diferenças e singularidades da realidade estudada. Pesquisar é olhar para a realidade caótica e descobrir que ela é fonte inesgotável de problemas e objetos a serem pesquisados. Cabe ao cientista social identificar sua temática e fazer um recorte de modo a constituir o problema que vai investigar. Assim, é evidente a necessidade de o cientista social esforçar-se para conduzir seu estudo de modo rigoroso e cônscio de que a neutralidade pura é impossível, entendendo que, ao constituir um objeto de pesquisa, estará, de certa forma, inventando-o (Weber, 1994).

A **sociologia compreensiva** de Weber adota um caminho metodológico no qual se parte do indivíduo, das ações dos atores sociais, para compreender os fenômenos coletivos. Conforme assevera Weber (1982, p. 70):

a Sociologia interpretativa considera o indivíduo e seu ato como unidade básica, como seu átomo — se nos permitirem pelo menos uma vez a compreensão discutível. Nessa abordagem, o indivíduo é também o limite superior e o único portador de conduta *significativa [. . .] Em geral, para a Sociologia conceitos como Estado, associação, feudalismo, e outros semelhantes designam certas categorias de interação humana. Daí ser tarefa da Sociologia reduzir esses conceitos em ação compreensível, isto é, sem exceção, aos atos dos indivíduos participantes.*

Weber inaugura um novo caminho metodológico, distanciando-se do positivismo de Auguste Comte e oferecendo um contraponto ao funcionalismo de Émile Durkheim. Suas ideias apresentam um forte viés interpretativo.

O método de Weber está associado à construção de **tipos ideais**, um macroconceito capaz de oferecer parâmetros para pensar um objeto de estudo. Assim, ao se estabelecer uma referência de base, a aproximação com a realidade estudada se daria em termos de correspondência, ou não, entre o objeto e seu conceito, possibilitando ainda captar diferentes características do fenômeno estudado.

Essa ideia é mais facilmente compreendida se considerarmos a maneira como Weber entende as ações sociais. Ele define quatro tipos de ações como forma de identificar as diferentes motivações que orientam o agir social dos indivíduos. A primeira delas é a **ação racional direcionada a fins**. Um exemplo seria um profissional realizar um curso de aperfeiçoamento para conseguir novos clientes ou aumentar seus ganhos. Existe também a **ação racional orientada por valores**, em que o fim almejado não é material, como no caso de se participar de um culto religioso. Outro tipo é a **ação motivada por sentimentos ou emoções**, como oferecer flores à pessoa amada. Por fim, existe a **ação motivada pela tradição**, como fazer o curso de Direito para assumir o escritório de uma família de advogados. Ou seja, toda ação cujo ator leva em consideração a possível reação de outros atores é uma ação social. Desse modo, a sociedade seria resultante do conjunto das ações e reações que os atores sociais estabelecem entre si.

1.4.2 A ética protestante

Em sua obra *A ética protestante e o espírito do capitalismo*, Weber (1995) apresenta um de seus mais importantes estudos monográficos. Seu objetivo foi investigar as origens do capitalismo moderno. A hipótese do autor é que as ideias e práticas religiosas oriundas do protestantismo tiveram forte influência no desenvolvimento da sociedade moderna industrial.

Weber analisa atentamente o fenômeno religioso ocidental identificando os elementos formadores da cultura social do capitalismo. O autor também dedicou atenção a outros aspectos que influenciaram o estabelecimento do capitalismo, como o desenvolvimento das cidades e a organização centralizada da produção nas fábricas, mostrando que a característica central do modelo capitalista é produzir uma organização técnica e racional da produção (Gallino, 2005).

Mediante essa racionalização da produção, organiza-se e distribui-se a força de trabalho, investe-se na produção e disponibilizam-se os recursos para viabilizar a empresa. Weber acredita que esse processo tem o objetivo de inibir comportamentos tradicionais de lazer e gozo do fruto do trabalho.

É com base nas influências da ética protestante que os sujeitos envolvidos no processo produtivo incorporaram um senso de obrigação moral para aceitar e cumprir bem suas tarefas. A ideia de vocação de Martinho Lutero (1483-1546) foi muito oportuna para isso. O trabalho passou a ser visto como expressão de amor a Deus, de alguém que aceita sua vocação e cumpre com diligência suas obrigações.

Outras ideias advindas do protestantismo, como a crença na predestinação e a prosperidade, são vistas como sinais de bênção e marca dos eleitos para a salvação. Assim, em busca de atingirem esse objetivo, todos devem se pressupor escolhidos e agir (trabalhar) para que isso se confirme. O resultado é a organização racional da vida. A classe social emergente desse período forma uma elite laboriosa, reforçando o comportamento do trabalho, da produção e da poupança, sendo necessário evitar o gozo da riqueza e enaltecer uma vida de renúncia e sacrifício – elementos estruturantes da cultura capitalista moderna.

O calvinismo, que foi um movimento religioso constituído no âmbito do protestantismo, contribuiu para o fortalecimento não só de uma ética ascética, mas de uma vida prática de **ascese**, por meio da organização racional da vida privada e do trabalho. O gozo e a fruição são inibidos como forma de sacrifício a Deus e, como resultado desse comportamento, o progresso material e o enriquecimento seriam quase inevitáveis.

Assim, o capitalismo moderno é o resultado do asceticismo racional e da vida laboral disciplinada. Some-se a isso o uso do trabalho excedente, e então se configurará uma base cultural para a expansão e a consolidação do capitalismo.

As conclusões de Weber chamam atenção para o elemento trágico dessa cultura. O processo de racionalização colonizou todas as esferas da vida, criando o que Weber denominou *jaula de ferro*, em referência às limitações impostas pela racionalidade técnica à vida social. É um tipo de racionalidade predominante no mundo capitalista que levou ao desencantamento do mundo, onde

> *a autonomização do subsistema racional-instrumental ameaça a liberdade dos indivíduos sob seu domínio. A burocratização da vida exige a racionalização da esfera do trabalho. Trata-se de um tipo puro de dominação legal, racional, legitimada como forma justa e eficaz de dominação, um instrumento de ação racional. Um mundo desencantado, sem liberdade, que se transformou numa jaula de ferro utilitarista.*
> (Caridá, 2011, p. 7)

Weber constata com pessimismo que o peso da sociedade capitalista não deixa espaço para os sujeitos intervirem nela, restando somente uma resignação conformadora.

A ética protestante é voltada para a salvação. Para os protestantes, a vida social deve estar adequada aos ensinamentos do luteranismo e do calvinismo, que preconizam uma vida de disciplina e regramento. Weber chama esse modo de vida de **ascetismo**. Além desse aspecto, o autor também assinala a influência da cultura capitalista, que deu origem ao que ele chama de *espírito do capitalismo*. Trata-se de uma cultura racional de organização da vida social e econômica, bem como de busca pelo lucro. Um comportamento que se pauta pela valorização do trabalho e da vida sóbria, em que poupança e disciplina não enaltecidos como valores fundamentais. Sem esses elementos, o capitalismo moderno não teria sido possível, pelo menos não com as características que conhecemos.

Em virtude de um processo de secularização, a ética protestante é esvaziada de seu conteúdo religioso, mas o comportamento e a conduta de organizar a vida de modo metódico e disciplinado, herdados do protestantismo, permanecem. A ética protestante torna-se uma ética profissional que ajudou a dar sentido ao capitalismo moderno. Entre os conceitos que formam essa ética estão as ideias de renúncia, sacrifício e poupança. É preciso lembrar que, diferentemente da classe dominante medieval, que gastava seu tempo com guerras e torneios de lutas, a classe dominante moderna se envolve no processo produtivo, sendo uma classe laboriosa.

A esses elementos soma-se o espírito do capitalismo, uma ideia que se materializa na racionalidade da vida social e econômica e na busca do lucro. No conjunto, esses elementos formam a cultura econômica da modernidade.

Leitura complementar

O ascetismo e o espírito do capitalismo

[...]

Um dos elementos fundamentais do espírito do capitalismo moderno, e não só dele mas de toda a cultura moderna, é a conduta racional baseada na ideia de vocação, nascida – como se tentou demonstrar nesta discussão – do espírito do ascetismo cristão. Bastará reler a passagem de Franklin* citada no início deste ensaio para vislumbrar que os elementos essenciais daquela atitude que chamamos aqui de espírito do capitalismo, são os mesmos que acabamos de mostrar como conteúdo do ascetismo laico puritano, despidos apenas das bases religiosas, já mortas no tempo de Franklin. A ideia de que o moderno trabalho teria naturalmente um caráter ascético não é nova. O limitar-se ao trabalho especializado, com a faustiana renúncia à universalidade do homem que envolve, é uma condição para qualquer trabalho válido no mundo moderno; daí que a realização e a renúncia, inevitavelmente, são, no mundo de hoje, mutuamente condicionadas. Este traço fundamentalmente ascético da vida da classe média, se é que pode ser considerado um estilo de vida e não apenas a falta de um, foi o que Goethe quis nos ensinar das alturas de sua sabedoria no *Wanderjahren* (livro escrito por Goethe) e no fim

---

*   Weber faz referência a Benjamim Franklin (1706-1790), que foi um dos líderes da Revolução americana e que de certa forma personificou o espírito do capitalismo com seus ensinamentos sobre a importância da poupança, do trabalho e da ação empreendedora. Frases como "um tostão poupado é um tostão não gasto," ou ainda "tempo é dinheiro" popularizaram seus ensinamentos.

de vida que ele deu ao seu Fausto. Para ele, tal percepção significava a renúncia, a despedida de uma humanidade de plenitude e beleza que não mais poderia se repetir no curso de nosso desenvolvimento cultural, assim como não o pôde o florescer da cultura ateniense da antiguidade.

O puritano quis trabalhar no âmbito da vocação; e todos fomos forçados a segui-lo. Pois quando o ascetismo foi levado para fora das celas monásticas e introduzido na vida quotidiana e começou a dominar a moralidade laica, desempenhou seu papel na construção da tremenda harmonia da moderna ordem econômica. Esta ordem está hoje ligada às condições técnica e econômica da produção pelas máquinas, que determina a Vida de todos aos indivíduos nascidos sob este regime com força irresistível não apenas os envolvidos diretamente com a aquisição econômica. E talvez assim a determine até que seja queimada a última tonelada de carvão fóssil. [...] o cuidado para com os bens materiais deveria repousar sobre os "ombros do santo como um leve manto, que pode ser atirado de lado a qualquer momento". Mas o destino quis que o manto se tornasse uma prisão de ferro.

Uma vez que o ascetismo se encarregou de remodelar o mundo e nele desenvolver seus ideais, os bens materiais adquiriram um poder crescente e, por fim inexorável, sobre a vida do homem como em nenhum outro período histórico. Hoje, o espírito do ascetismo religioso, quem sabe se definitivamente, fugiu da prisão. Mas o capitalismo vitorioso, uma vez que repousa em fundamentos mecânicos, não mais precisa de seu suporte. Também o róseo colorido do seu risonho herdeiro, o Iluminismo, parece estar desvanecendo irremediavelmente, e a ideia de dever no âmbito da vocação ronda nossas vidas como o fantasma de crenças religiosas mortas.

Onde a plenificação da vocação não pode ser diretamente relacionada aos mais altos valores espirituais e culturais ou quando, por outro lado, não precisa ser sentida apenas como uma pressão econômica, o indivíduo geralmente abandona qualquer tentativa de justificá-la. No campo de seu maior desenvolvimento, nos Estados Unidos, a busca da riqueza, despida de seu significado ético e religioso, tende a ser associada a paixões puramente mundanas, que lhe dão com frequência um caráter de esporte.

Ninguém sabe quem viverá, no futuro, nesta prisão ou se, no final deste tremendo desenvolvimento surgirão profetas inteiramente novos, ou se haverá um grande ressurgimento de velhas ideias e ideais ou se, no lugar disso tudo, uma petrificação mecanizada ornamentada com um tipo de convulsiva autossignificância. Neste último estágio de desenvolvimento cultural, seus integrantes poderão de fato ser chamados de "especialistas sem espírito, sensualistas sem coração; nulidades que imaginam ter atingido um nível de civilização nunca antes alcançado".

Mas isto nos leva ao mundo dos julgamentos de valores e de fé, com os quais não precisamos sobrecarregar esta discussão puramente histórica. A próxima tarefa seria mais a de mostrar o significado do racionalismo ascético, apenas abordado pelo esboço acima, quanto ao seu conteúdo de éticas sociais práticas, ou seja, quanto aos tipos de organização e funções dos grupos social, desde os conventículos até o Estado. A seguir, suas relações com o racionalismo humanístico, seus ideais de vida e influência cultural. Depois teria de ser analisado em relação ao desenvolvimento do empirismo filosófico e científico, e de ideais espirituais e desenvolvimento técnico. Terá então de ser traçado, por meio de todos os ramos da religiosidade ascética, o desenvolvimento histórico, desde os primórdios medievais, do ascetismo laico até a sua transformação em puro utilitarismo. Só então poderá ser avaliada a importância quantitativa cultural do protestantismo ascético em suas relações com outros elementos plásticos da cultura moderna.

Aqui, apenas tentamos traçar os fatos e a direção de sua influência com base em apenas um, embora importante, ponto de vista. Contudo, será também necessário investigar como o ascetismo protestante foi por sua vez influenciado em seu desenvolvimento e caráter pelo conjunto de condições sociais, e especialmente econômicas. O homem moderno, mesmo com a melhor das vontades, é em geral incapaz de atribuir às ideias religiosas a importância que merecem em relação à cultura e ao caráter nacional. Não é porém meu intuito substituir uma interpretação causal materialista unilateral por outra interpretação espiritual, igualmente unilateral da cultura e da história. Ambas são viáveis mas, se qualquer delas não for adotada como introdução, mas sim como conclusão, de muito pouco serve no interesse da verdade histórica.

Fonte: Weber, 1995, p. 86-87.

Síntese

Ao longo deste primeiro capítulo, mostramos que a sociologia é a ciência da sociedade. Seus estudos possibilitam entender os problemas que afetam a vida social e também fornecem algumas pistas sobre possíveis soluções para essas dificuldades. Como ciência, a sociologia apresenta método, objeto e teorias próprias que embasam diferentes abordagens sobre a sociedade, entre elas o funcionalismo, o materialismo e a perspectiva compreensiva. Como leitura complementar, destacamos a visão de Herbert Spencer, que muito contribuiu para a tradição funcionalista na sociologia. Na sequência do capítulo, examinamos ideias de Émile Durkheim, especialmente o modo como esse autor compreende a divisão social do trabalho e suas funções na integração da sociedade. Outro autor analisado foi Karl Marx. Descrevemos sua concepção de história como luta de classes, bem como alguns de seus argumentos para criticar o modo de produção capitalista. Por fim, abordamos algumas das ideias marcantes de Max Weber, em especial sobre a relação entre a religião protestante e a economia capitalista.

Indicações culturais

Livro

WEBER, M. **A ética protestante e o espírito do capitalismo**. São Paulo: Pioneira, 1995.

Nessa obra, considerada uma das mais conhecidas de Weber, o autor apresenta sua análise sobre a origem do capitalismo moderno. Trata-se de um estudo monográfico em que aplica seu método para compreender a relação entre protestantismo e capitalismo. Para Weber, a ética protestante fez nascer uma cultura comportamental de trabalho e organização racional da vida econômica. Ao longo de seus capítulos, o livro revela como o processo de secularização da cultura moderna conservou um tipo singular de sociabilidade que permitiu a consolidação do capitalismo como forma de vida cultural hegemônica, o que, segundo autor, não teria sido possível sem a forte influência do protestantismo e seus conceitos de vocação, disciplina, ascese e renúncia.

Filmes

OS MISERÁVEIS (LES MISÉRABLES). Direção: Bille August. Alemanha/EUA/Reino Unido, 1998. 134 min.

Adaptação da obra do escritor Victor Hugo, a história do personagem Jean Valjean transcorre na França entre os séculos XVIII e XIX, com seus problemas para equacionar progresso econômico e exclusão social. Ao longo da narrativa, torna-se cada vez mais forte a crítica social, sendo enfocada a relação entre desigualdade social, concentração de renda e criminalidade.

A CLASSE operária vai ao paraíso. Direção: Elio Petri. Itália, 1971. 125 min.

Considerado um clássico na temática operária, o filme conta a história de Lulu Massa, um operário dedicado, bem-visto pelos patrões e criticado pelos colegas que o tomam como traidor de sua classe. Lulu vive de modo perturbado entre a pressão dos colegas sindicalistas e as exigências de seus patrões. Duvidando da própria sanidade, entra para o movimento estudantil revolucionário, ainda mais radical que o sindicato. Por fim, a trajetória de Lulu mostra-se trágica. Em meio às conturbações que vivencia no trabalho e na vida pessoal, sem uma identidade consolidada, ele enlouquece.

Atividades de autoavaliação

1. Considerando o que você leu neste capítulo, qual é a realidade estudada pela sociologia?

   a) A multiplicidade das manifestações políticas e as formas de organização do poder.

   b) Prioritariamente as culturas ancestrais e as mudanças nos costumes e valores humanos.

   c) Os fatores biológicos que incidem sobre o comportamento dos seres vivos.

   d) A sociedade pelo viés de pesquisas científicas.

2. Em face das mudanças sociais e do conjunto de novos problemas que surgiam na Europa do século XVIII, a sociologia nascente desenvolveu três concepções teóricas para explicar a sociedade. Quais são elas?

   a) Teorias funcionalista, do conflito e compreensiva.

   b) Teorias estruturalistas, dialéticas e analíticas.

   c) Conflito, acomodação e assimilação.

   d) Teorias interacionistas, materialistas e historicistas.

3. A abordagem funcionalista teve como principal autor clássico:

   a) Marx.

   b) Weber.

   c) Durkheim.

   d) Berger.

4. O contexto de transformações na sociedade europeia esteve associado a fatores históricos que tiveram fortes consequências. Marque a alternativa que apresenta esse(s) fator(es):

   a) A Guerra dos Cem Anos, a Revolução Russa e a invenção da máquina a vapor.

   b) O desenvolvimento do método científico e as revoluções burguesas anárquicas.

   c) A Revolução Industrial, o avanço da ciência e a Revolução Francesa.

   d) A Revolução Americana, a Comuna de Paris e a fundação do Partido Comunista na Inglaterra.

5. Segundo Weber, o capitalismo moderno originou-se de fatores como:

   a) o protestantismo e a organização racional da vida e do trabalho.

   b) a vida contemplativa e a colaboração social.

   c) a influência do catolicismo na organização da vida social.

   d) a poupança, trabalho e uma vida de ócio.

Atividades de aprendizagem

Questões para reflexão

1. Considerando o conteúdo abordado neste capítulo, explique por que a sociologia é uma ciência.

2. Apresente e explique as diferenças entre as ciências sociais e as ciências da natureza.

3. Diante da complexidade do mundo em que vivemos e de seus problemas, como crises econômicas, desemprego e conflitos sociais diversos, qual seria a contribuição da sociologia?

4. Considerando as especificidades das ciências sociais, explique o que estuda a ciência política.

Atividade aplicada: prática

1. Depois de assistir ao filme *Os miseráveis*, elabore uma reflexão mostrando como poderia ser possível buscar o desenvolvimento material de uma sociedade sem provocar exclusão social.

2
O funcionalismo de Talcott Parsons e Robert Merton

A imaginação sociológica capacita seu possuidor a compreender o cenário histórico mais amplo, em termos de seu significado para a vida íntima e para a carreira exterior de numerosos indivíduos. Permite-lhe levar em conta como os indivíduos, na agitação de sua experiência diária, adquirem frequentemente uma consciência falsa de suas posições sociais.
(Charles Wright Mills, em *A imaginação sociológica*)

Neste segundo capítulo, nossa atenção está concentrada em dois autores associados ao estrutural-funcionalismo, uma abordagem tributária da influência de Émile Durkheim: Talcott Parsons e Robert Merton, ambos ligados à sociologia americana. Ao longo do texto, examinamos a teoria de Parsons com sua visão totalizadora do social, com base nos diferentes sistemas que interagem, socializando os indivíduos e garantindo a manutenção da ordem social. Na sequência, analisamos a perspectiva de Merton, que entende os problemas sociais como disfuncionalidades da dinâmica social, definindo os conflitos e as contradições como efeitos engendrados por essa mesma dinâmica. Por fim, apresentamos alguns aspectos críticos em relação à abordagem desses autores.

2.1

Talcott Parsons

Considerado o fundador da síntese que relaciona o estruturalismo e o funcionalismo, Talcott Parsons (1902-1979) é um dos mais importantes nomes da sociologia americana. O alcance de sua obra lhe valeu um lugar de honra no Departamento de Sociologia na Universidade de Harvard. Suas ideias e conceitos formam o escopo de uma teoria geral sobre o funcionamento da sociedade. Seu objetivo era abarcar os diferentes aspectos e fatores que envolvem a relação entre indivíduo e sociedade. Parsons formulou uma teoria geral dos sistemas de ação com forte fundamento no *estrutural-funcionalismo*. Trata-se de uma perspectiva que sofistica a visão de sociedade de Durkheim, ao tomar a realidade social como um conjunto de instituições e sistemas funcionais, cujas partes interagem dinamicamente em prol da integração do organismo social (Gallino, 2005).

Parsons contou com o esteio familiar, o que lhe garantiu conforto e prosperidade em seu percurso intelectual. Em Heidelberg, Alemanha, obteve o título de ph.D. em Sociologia. Em sua trajetória, teve o mérito de introduzir as ideias de Weber na sociologia americana. Seu nome como intelectual e cientista social se projetou em 1937 com a publicação de sua obra de referência, *A estrutura da ação social*. Nesse livro, o autor desenvolve uma elaborada interlocução entre Émile Durkheim, Max Weber e Vilfredo Pareto. Sua carreira teve a marca de um grande autor que alcançou prestígio e reconhecimento ainda vivo. É digno de menção o tempo em que esteve à frente da Sociedade Americana de Sociologia, cargo que lhe possibilitou disseminar a ciência social e sua profissionalização nos Estados Unidos.

2.1.1 Teoria geral da ação

A base teórico-metodológica de Parsons é descrita em sua obra *The Social System*, de 1949. Seu pressuposto central é tomar a realidade como um todo funcional formado por sistemas e subsistemas que agem segundo uma lógica integrativa. De acordo com esse princípio fundamental, as ações sociais apresentam uma normatividade orientada por esquemas racionais e relacionais que envolvem as ações dos indivíduos e os subsistemas existentes, nos quais acontece a vida social, como economia, cultura e política. Isso ocorre de modo que

> a estrutura de um sistema social está esquematicamente integrada com o sistema cultural quando se legitima simbolicamente a ordem normativa que rege a instituição de padrões culturais, definindo critérios de linguagem universais; enquanto a personalidade e o organismo comportamental atuam como condicionantes permissivos desta integração entre o social e o cultural, envolvendo aspectos da aprendizagem que se voltam ao desenvolvimento e à manutenção de valores socialmente tidos como adequados à "socialização", seja de ordem política ou econômica. (Cordova, 2007, p. 261)

Essa perspectiva integracionista toma o homem e a sociedade como esferas indissociáveis e complementares entre si – não existe o homem fora do social e não existe o social como pura abstração. O esquema de Parsons busca mostrar que essa relação obedece a uma ordem de regularidades que explicaria tanto as ações individuais quanto as coletivas e institucionais como objetos centrais de sua teoria sociológica. Segundo o autor, o foco da sociologia como ciência do social está em vencer os obstáculos na compreensão de como os sistemas sociais se integram,

> incluindo, enfaticamente, os obstáculos que se antepõem à integração e o seu não conseguimento. Daí que ela deva ocupar-se de uma ampla variedade de características, fatores e consequências dos "estados interativos" dos sistemas sociais em muitos níveis,

desde as famílias e outros tipos de pequenos grupos, através de muitos níveis intermediários, como as comunidades locais e as organizações formais, até as sociedades totais e mesmo os sistemas de sociedades. (Parsons, 1969, p. 13)

Essa lógica de integração relacional e funcional busca estabelecer os nexos causais entre os indivíduos e os subsistemas sociais aos quais estão integrados, desde sistemas mais amplos, como a cultura e a vida social, até relações mais básicas e primárias, que envolvem a vida familiar e a comunitária. Toda ação social, mesmo em diferentes níveis, segue um plano normativo orientado por papéis sociais em um subsistema social. Podemos ilustrar esse cenário considerando as ações de um líder religioso ao organizar e orientar seus seguidores. Suas ações de liderança, organização e orientação podem se modificar de acordo com o contexto e o grupo com o qual interage. Contudo, mesmo abertas e dinâmicas, essas ações seguem princípios, normas fundamentais, pois representam um subsistema funcional, no caso uma religião ou comunidade religiosa, o qual fornece as diretrizes para as ações e os comportamentos do líder e de seus seguidores.

Para Parsons, a compreensão da sociedade passa por dois níveis da dinâmica social: um nível físico e orgânico, formado pelo conjunto da cultura e das instituições humanas, e um nível social-comportamental, relativo ao conjunto das ações humanas. Para representar essas duas dimensões do todo social, Parsons utiliza a sigla *AGIL* em referência aos quatro subsistemas de sua teoria geral da ação. Mais adiante, descrevemos o significado de cada uma das palavras que dão origem ao acrônimo. Por ora, resumidamente, cabe observar que a letra *A* representa a adaptação ou função adaptativa de um sistema. A letra *G*, concernente *Goal Attainment*, representa o sistema de personalidade que ajuda a motivar os agentes a cumprir as metas sociais estabelecidas. A letra *I* representa o sistema de integração que visa assegurar a coesão social, e a letra *L* diz respeito à latência que envolve o sistema cultural responsável pela acomodação das tensões e dos conflitos da sociedade.

Cada subsistema existe e funciona em relação ao todo social, e seu funcionamento é aberto a influências e modificações, mas atua de modo interdependente em relação aos demais subsistemas e às expectativas funcionais do todo social. Dito de outro modo, para Parsons, existe autonomia entre os subsistemas sociais. Podemos pensar na autonomia da economia, da educação, da mídia, do sistema jurídico, contudo esses subsistemas precisam responder às mudanças que podem ocorrer na sociedade de modo a contribuir para a manutenção da integração e o funcionamento da sociedade. Vejamos em mais detalhes como se caracteriza a dinâmica que constitui sua teoria.

- **A – Adaptação**: um sistema existe em relação a outros e ao todo social, por isso precisa ser capaz de assimilar novas exigências e demandas tanto internas quanto externas, adaptando-se ao meio e a suas necessidades.
- **G – Realização de objetivos**: um sistema precisa ser capaz de definir normas e metas para seus membros.
- **I – Integração**: um sistema precisa exercer a regulação entre seus componentes e partes, fazendo com que ocorra interdependência e complementaridade entre seus integrantes.
- **L – Latência**: todo sistema precisa estabelecer referências de base para orientar diferentes ações e comportamentos, um modelo de fundo, de apreensão difusa que possa inspirar e motivar seus integrantes. Parsons definiu como metas culturais essa capacidade latente do sistema.

Esse esquema representativo forma um todo sistêmico com potencial de abarcar o conjunto das ações humanas em uma lógica de resolução de problemas e integração social, de modo que, para Parsons, é importante salientar que existe sempre a diferenciação de funções em um sistema de ações, havendo necessidade de existir

> *atribuição de tais funções a diferentes classes de papéis [...]. Esta determinação de funções, e atribuição e integração de papéis, pessoal, instrumentos e satisfações num sistema social [sic] implicam um processo de seleção de acordo com padrões de que diz respeito a avaliação de características de objetos (individuais e coletivos). Isto não quer dizer que uma pessoa qualquer tenha sempre presente no espírito o "plano" do sistema social. Mas, como em outros tipos de sistemas de ação, não é possível que as escolhas dos atores sejam feitas ao acaso e formem ao mesmo tempo um sistema social coerentemente organizado.* (Parsons, 1969, p. 65)

O que Parsons quer reforçar é que a orientação das ações sociais dos indivíduos passa também por um processo de elaboração racional que consiste na aceitação dos padrões e papéis que lhes são atribuídos pelo grupo social ou sistema do qual fazem parte ou na negação e no questionamento desses papéis, o que se faz, contudo, com base em uma lógica normativa funcional em relação ao todo social, isto é, as regras que se estabelecem visam à manutenção e à integração da vida social. Mesmo as críticas e as inadequações aos papéis estabelecidos não podem colocar em risco o todo social.

Podemos ilustrar essa ideia com situações de tratamentos discriminatórios envolvendo raça, etnia ou gênero; o escopo das críticas e das reivindicações integra o quadro maior de referências culturais, de modo que a busca por mais direitos, ou outra demanda social qualquer, precisa ser tratada e assimilada, de maneira que não coloque em risco a integração da sociedade em suas bases. Ou seja, as tensões e os conflitos são resolvidos ou integrados na esfera social, sem que isso represente grande ameaça aos mecanismos de integração social. Essa acomodação das tensões pode passar por um processo que envolve a crítica, a contestação e até a desobediência civil, para então, em canais de diálogo e negociação, ocorrer concessões que promovam a intregração da sociedade.

Essa dinâmica, conforme a concebe Parsons, pode ser exemplificada com a situação, ocorrida no início de 2017, em que centenas de integrantes do Movimento dos Trabalhadores Sem Teto (MTST) acamparam na Avenida Paulista na cidade de São Paulo. Essa ação rompeu com a funcionalidade da cidade naquela região, afetando o deslocamento das pessoas, o comércio local e a ordem social estabelecida. Depois de um período de tensões e negociações, a saída veio por "dentro do sistema" em uma "lógica integrativa", quando o representante do Ministério das Cidades aceitou a reivindicação do MTST, que exigia a imediata contratação de 35 mil unidades do Projeto Minha Casa Minha Vida do governo federal na faixa 1, que atende as famílias que ganham menos. Após o acordo, os manifestantes se retiraram da rua e a funcionalidade da região foi restaurada. Não houve ruptura com o sistema social, mas uma adequação a ele, recolocando os "descontentes" em um novo contexto de aceitação e integração social. A lógica mercantil foi preservada com a inserção de novos consumidores na dinâmica econômica do setor imobiliário direcionado a pessoas de baixa renda.

Conforme Parsons, o sistema econômico tem a função de promover a gestão dos recursos e oferecer atenção aos potenciais do meio social e às possibilidades relacionadas à ação econômica, seja no plano individual, seja no coletivo ou institucional. Na esfera econômica, agir e não agir representam possibilidades nesse sistema. Com relação ao sistema político, trata-se de um mecanismo relacionado aos fins coletivos da sociedade, agindo no sentido de limitar, proteger e restringir ações e atores sociais, com vistas ao bem da comunidade.

Conjuntamente, a comunidade societária representa, na visão de Parsons, o elemento estratégico mediador dos demais sistemas, na medida em que propicia a convivência em diferentes escalas – local, regional e global. Como subsistema integrativo, a comunidade societária fortalece laços, legitima modelos, reforça condutas e papéis, integrando possíveis diversificações ou até mesmo fazendo substituições de papéis, de acordo com as demandas sociais, o que, segundo Parsons, não pode ocorrer em sua totalidade. Dessa forma,

> deve haver um processo contínuo de "substituição" das pessoas nos papéis da estrutura social. É essencial, desde logo, para a estabilidade, na maioria dos casos, que esta substituição não se produza em sua totalidade, de uma só vez, o que raras vezes acontece; pelo contrário, sempre está em andamento. (Parsons, 1982, p 116, citado por Cordova, 2007, p. 266)

Em resumo, podemos afirmar que Parsons apresenta quatro sistemas explicativos dos processos estruturantes das ações na sociedade: o **sistema de comportamentos**, que diz respeito às funções adaptativas dos atores na sociedade, entre eles o direito e a política; o **sistema de personalidade**, que abriga o conjunto de valores, crenças e símbolos capazes de mobilizar ações em prol dos objetivos e metas culturais estabelecidos na sociedade; o **sistema social**, que opera na integração das partes e suas funções em prol do todo social; e, por fim, o **sistema cultural**, que fornece os caminhos e normas orientadores das ações. Por meio da cultura, os atores se identificam com as metas estabelecidas pela sociedade e buscam realizar as expectativas de seu grupo social, ou comunidade (Riutort, 2008).

Com base no exposto até aqui, é possível aventar que Parsons compartilha de uma visão evolucionista da sociedade. Aqui existe uma clara relação entre Parsons e Auguste Comte, considerando-se nesse caso, que a sociedade passaria por três estágios de desenvolvimento: primitivo, intermediário e moderno. O domínio da escrita e da tecnologia da linguagem visual marca a passagem para o segundo estágio. A modernidade, com o advento da técnica e da indústria, do conhecimento científico, teria no direito seu marco definidor, representando o terceiro estágio da evolução social.

2.1.2 Aspectos críticos da teoria de Parsons

Existe uma base psicanalítica um tanto determinista na explicação do processo de socialização como proposto por Parsons. Em seu desenvolvimento, a criança tem na figura de seus progenitores – imaginando-se uma família convencional, com pai, mãe e filhos – o lastro socioafetivo com base no qual formará sua identidade e seu psiquismo. Nesse processo, o pai representa o elemento mediador entre a criança, as normas e a sociedade. Esse processo tem continuidade na escola. A valorização do comportamento em conformidade com as expectativas da família e dos professores tende a reforçar a internalização das normas e incentivar a competição pelo desempenho escolar. Isso ainda será reforçado posteriormente pela sociedade, que estabelecerá papéis, funções, premiações e distribuições de recompensas, via carreira, salário, posições, *status* etc. Tal processo começa na infância e na adolescência, e o início da vida adulta ocorre com vistas à integração social do indivíduo (Gallino, 2005).

O processo descrito é visto por Parsons sem as devidas considerações relativas aos aspectos conflitivos que podem constituir-se. Sua teoria, ao enfocar as tensões e os conflitos em uma dinâmica estritamente funcionalista, deixa de dar a devida atenção às contradições, que também podem ser vistas como oportunidades de compreender com maior profundidade os problemas sociais, inclusive as implicações que podem acarretar ao desenvolvimento dos indivíduos. A nosso ver, tal leitura de Parsons assume uma perspectiva conservadora na forma como concebe a sociedade e suas dinâmicas.

O ser humano não se reduz a uma parte funcional do todo. A socialização, por mais eficiente que seja, não consegue exercer controle total sobre as pessoas. Os conflitos representam mais do que ameaças à integração, eles podem revelar traços frágeis dos processos de integração, indicar a necessidade de mudanças mais profundas na sociedade, de revisão das metas culturais estabelecidas ou ainda dos sistemas de distribuição e recompensas, naquilo que concerne a posições, papéis, carreiras, rendimentos e oportunidades de desenvolvimento.

Por fim, a teoria de Parsons, ao pretender abarcar a realidade em sua totalidade, submete o social a um esquema abstrato restritivo e limitador. Outro aspecto problemático de sua concepção de sociedade é a visão evolucionista que toma a sociedade americana como parâmetro para o estágio moderno de desenvolvimento para todas as sociedades, em um claro posicionamento etnocêntrico.

Leitura complementar

As instituições, segundo Parsons (1954; 1982; 1934/1990), são classificadas da seguinte maneira:

1. **Instituições relacionais (funcionais)**: que definem expectativas de papel recíprocas com independência do conteúdo do interesse. A instituição, no presente sentido, consiste em pautas que governam a conduta e as relações sociais que interagem com um sistema de sentimentos morais comuns, os quais, por sua vez, definem o que se deve esperar de uma pessoa em uma certa posição.

2. **Instituições regulativas**: que definem os limites da legitimidade da consecução de interesses "privados" em relação a fins e meios. Estas podem ser subdivias em:

   a) Instrumental: integração de metas privadas com valores comuns e definição de meios legítimos;

   b) Expressiva: que regulam as ações, situações, pessoas, ocasiões e cânones permissíveis;

   c) Moral: que definem as áreas permitidas de responsabilidade moral para a pessoa e para a subcoletividade.

3. **Instituições culturais**: que definem as obrigações de aceitar as pautas culturais, convertendo a aceitação privada em dever institucionalizado. Estas podem ser subdivias em:

   a) crenças cognitivas;

   b) sistemas de símbolos expressivos;

   c) obrigações morais privadas.

A relação entre o novo institucionalismo e a teoria parsoniana é, nesse sentido, bastante evidente. Embora, como costumeiramente se nota, muitos autores adeptos do novo institucionalismo não reconheçam tal legado, em parte ou no todo, não mencionando Parsons e suas teorias e seus escritos. É considerável que o autor americano forneça a base e os principais pressupostos para o desenvolvimento de alguns pontos-chave da teoria 'neoinstitucional'. Tal assertiva, todavia, não nos impede de empreender uma análise comparativa mais aprofundada entre as duas abordagens, para mostrar possíveis pontos de tensão e lacunas que nelas se sobressaem.

Fonte: França, 2009, p. 186-187.

2.2
Robert Merton

A *trajetória de* Robert Merton seguiu um direcionamento favorável ao seu desenvolvimento intelectual e acadêmico e está inserida em um contexto de consolidação da sociologia como ciência nos Estados Unidos. Merton nasceu em 1910 e viveu até 2003, produzindo ao longo da vida acadêmica uma vasta e diversificada obra em sua teoria sociológica.

Algo curioso sobre Merton é que, em sua juventude, adquiriu verdadeira paixão pelo mundo da magia na sua versão literária e ficcional. Seu gosto pelos contos e lendas o levou a acrescentar *King* em seu nome, como uma referência à lenda do menino que já nasceu monarca, Rei Arthur.

Desde a mocidade, sua vida estudantil foi marcada pelos resultados de excelência. Como aluno brilhante e dedicado, desde cedo recebeu atenção e oportunidades. Ainda muito jovem, tornou-se assistente de Pitirim Sorokin (1889-1968), renomado sociólogo e crítico ferrenho do comunismo. Nesse período, entrou em contato com as ideias de Talcott Parsons, as quais influenciaram na elaboração inicial de seu pensamento.

Posteriormente, Merton acabará por divergir de Parsons, propondo teorias de médio alcance, com potencial de explicar aspectos da realidade social, ou seja, explicações teóricas para problemas delimitados, como a delinquência juvenil, e não uma explicação totalizante da vida social, como ambicionava Parsons. Merton estabeleceu uma profícua interlocução com a obra de Max Weber e Karl Marx, demarcando sua originalidade na reinterpretação desses autores e em novas sínteses da produção sociológica europeia. Em 1947, tornou-se professor titular na Universidade de Columbia, posição que teve o efeito simbólico de uma carreira brilhante desde seu ingresso no Departamento de Sociologia.

O trabalho de Merton combinou elementos inovadores com suas teorias de médio alcance, isto é, teorias que buscam explicar problemas sociais delimitados, como os citados anteriormente, o que fez com que desenvolvesse diversas pesquisas empíricas no âmbito do que ele denomina pesquisa social aplicada, com predileção pela metodologia do grupo focal, que, segundo ele próprio, permite uma observação profunda e momentos de interação significativa com os participantes do experimento.

Entre os autores que mais o influenciaram, Émile Durkheim ocupa posição de destaque. O funcionalismo estrutural esteve na base de suas ideias sobre a dinâmica social e os processos de anomização, em uma referência ao fenômeno da anomia como ausência ou enfraquecimento dos vínculos de solidariedade social. Merton inovou ao perceber que as situações de anomia representam disfuncionalidades na sociedade; formam, portanto, um fenômeno multifacetado que envolve condutas desviantes, como delinquência e criminalidade, e ilustram os problemas e as contradições da sociedade contemporânea, com suas estruturas excludentes e marginalizantes.

2.2.1 Elementos teóricos da concepção de Merton

A análise social de Merton constitui um refinamento da teoria de anomia de Durkheim. O estudo das condutas desviantes direciona a teoria da anomia ao mundo da criminalidade e aos diferentes tipos de comportamentos em relação ao que Merton chama de *metas culturais da sociedade capitalista*. Trata-se de uma cultura hegemônica que coloca a sociedade em uma cilada. Para esse autor, são prescritas aos indivíduos determinadas metas sociais, mas, ao mesmo tempo, criam-se obstáculos que os impedem de concretizar essas metas. Nessa ótica, configura-se um contexto de anomia latente que se manifesta por transgressões, situações de conflitos e ausência de vínculos de solidariedade social.

Em resumo, podemos descrever a teoria de Merton da seguinte forma: a sociedade capitalista estipula metas culturais, como obter dinheiro e sucesso; para atingi-las, são disponibilizados determinados meios, isto é, caminhos ou recursos institucionalizados e legitimados socialmente. O problema instala-se com o descompasso entre as metas estabelecidas e a escassez de recursos disponíveis para que todos possam realizá-las. A riqueza, o sucesso e a prosperidade material, por via de regra, são erigidos como meta universal na sociedade capitalista, porém são acessíveis somente às classes mais abastadas (Riutort, 2008).

Dessa forma, o insucesso de muitos na consecução dessas metas é sistêmico, uma vez que os recursos são insuficientes para todos. Como consequência, instaura-se um estado de anomia generalizado, no qual as regras do jogo são, por assim dizer, abandonadas, o que faz proliferar condutas desviantes, como a delinquência e a criminalidade, exemplos mais comuns dessa situação.

Merton tipifica os desvios em cinco categorias. O primeiro tipo é a **conformidade**, conduta na qual o indivíduo se orienta pelas regras sociais estabelecidas, buscando atingir as metas sociais com base nos meios institucionalizados. O segundo é o **comportamento inovador**, no qual as metas são buscadas por meios nem sempre usuais, podendo haver rupturas parciais com padrões e condutas institucionalizadas, o que, no limite, pode contribuir positivamente para a mudança social.

A terceira forma de resposta social dos indivíduos seria o **comportamento ritualista**, aquele sem interesse em realizar as metas culturais. Merton aponta que tal conduta poderia ocorrer por medo do fracasso social, que produziria desinteresse e desestímulo. Esse perfil social até segue as regras, mas de modo mecânico, como um ritual. É como "viver no piloto automático", cumprindo as rotinas diárias e os papéis estabelecidos, mesmo sem convicção ou engajamento.

A quarta forma de conduta desviante é a **evasão**, que se refere àquelas condutas em que os indivíduos abandonam as metas e os meios socais. Um exemplo poderia ser o caso de andarilhos e mendigos, que, ao não se identificarem mais com as referências sociais institucionalizadas, evadem-se da vida social de regras, processos, papéis, *status,* instituições, obrigações, expectativas etc. No extremo, a evasão da vida social em uma condição de marginalização dos indivíduos pode ter implicações graves, comprometendo a saúde e a sanidade dessas pessoas; assim, não são raros os casos de suicídio.

A quinta e última forma de resposta social identificada por Merton é a **rebelião**. Trata-se de uma conduta que não se conforma com a ordem estabelecida, rompe em revolta, negando as metas e os meios institucionalizados. Discordando de Merton, com relação à rebelião, como comportamento potencialmente destrutivo da ordem social, podemos dizer que o rebelar-se pode assumir um caráter propositivo e acelerar transformações mais profundas na sociedade. As greves e mobilizações por direitos e liberdade poderiam ser consideradas como desfechos positivos de ações de rebeldia.

A teoria de Merton contribui para explicar aspectos importantes do comportamento individual e coletivo e fornece algumas pistas para compreender as causas mais incidentes de condutas desviantes em diferentes grupos sociais. Em contextos de carência generalizada, indivíduos excluídos recorrem à delinquência para realizar os objetivos que a sociedade difunde. No entanto, as condutas desviantes não estão restritas aos bolsões de pobreza e de marginalizados. Elas estão presentes em segmentos políticos e, ainda, em comportamentos de autodestruição ligados ao uso de álcool e drogas.

Contudo, a análise sociológica desse autor é passível de algumas críticas, pois sua teoria não explica de modo satisfatório outras formas de anomia ou desvio, ligadas a problemas da ordem de crimes passionais e ações cruéis de indivíduos.

Outro aspecto limitador de sua teoria é de base epistemológica. Como representante do estrutural-funcionalismo, a tendência de Merton é classificar como negativas as condutas de evasão e rebelião, como uma disfuncionalidade. Nesse ponto, é possível perceber um retorno a Durkheim, ao pressupor a existência de um equilíbrio social e os desvios como manifestações patológicas, e não como manifestações de contradições a serem superadas. Outro aspecto problemático é a suposição de que os indivíduos buscam, em sua totalidade, responder aos apelos das metas culturais. Sabemos ser ideológico e até falacioso universalizar valores que reconhecidamente pertencem a uma classe média que almeja tornar-se elite (Chaui, 1993).

Não podemos reduzir o problema da anomia a uma questão de adaptação dos indivíduos ao meio social. Constitui-se em risco com potencial prejudicial para indivíduos e sociedade a atribuição de culpa exclusiva às pessoas pelas condutas desviantes. Quando se pessoalizam e individualizam condutas criminosas ou delinquentes, sem considerar fatores históricos, sociais, políticos e econômicos, isenta-se a sociedade de críticas e dificulta-se seu melhoramento. É preciso ter claro que, em contextos de carência, degradação das condições de vida e desemprego, crises econômicas, o convívio social pode se fragilizar, fazendo florescer comportamentos agressivos e violentos.

No entanto, é necessário reconhecer que a perspectiva de Merton ajuda a pensar a realidade escolar contemporânea, marcada por problemas e desafios, entre eles o da violência que acontece dentro da instituição escolar. Muitas escolas têm se convertido em espaços onde proliferam diferentes condutas desviantes. Nos últimos anos, não faltam exemplos dramáticos desse fenômeno. Agressões graves e até fatais entre alunos, ataques a professores depredação de escolas ilustram esse problema.

Equivocadamente, muitas instituições têm se valido de práticas repressivas e intimidadoras para tentar lidar com a violência. A conversão do espaço escolar em estruturas de confinamento, e às vezes com excessivo controle, conforme analisado em detalhes por Foucault (1996), não tem contribuído para uma convivência pacífica e respeitosa nesse ambiente.

O oposto dessa estratégia pode ser representado pelo caso da escola de Summerhill, na Inglaterra. Fundada por Alexander Sutherland Neill em 1921, essa instituição é considerada uma das primeiras "escolas democráticas" a desenvolver um projeto pedagógico personalizado, proporcionando a seus alunos liberdade e autonomia para organizar os estudos e a vida escolar. Cabe observar aqui que a escola e os professores têm de lidar com problemas cuja causa são questões estruturais e econômicas da sociedade. As tentativas de controle e repressão acabam por potencializar as tensões e os conflitos que ocorrem em seu interior.

2.2.2 Aspectos críticos da abordagem de Merton

As abordagens de Talcott Parsons e Robert King Merton evidenciam alguns problemas e limites para a compreensão da sociedade. Devemos lembrar que, para Parsons, seria possível elaborar uma teoria tão abrangente que seria capaz de explicar a sociedade como um todo.

Com base principalmente em Weber, Durkheim e Pareto, Parsons buscou explicar que a realidade social é constituída pelas ações humanas em uma dimensão individual, simbólica e institucional, naquilo que diz respeito à parte estrutural da sociedade. Interessava a Parsons demonstrar que as condutas seguem padrões estruturais e, em sua regularidade, se institucionalizam, materializando valores, crenças e símbolos em normas de conduta social. Seria como uma dinâmica que segue uma lógica funcional, visto que essas estruturas integram de modo interdependente o todo social.

Nesse aspecto, a pretensão de Parsons em abarcar em sua teoria a totalidade social força a adequação da realidade à moldura de seus conceitos, uma perspectiva frágil do ponto de vista epistemológico, pois a realidade social múltipla, ampla e complexa ultrapassa a extensão dos conceitos. Uma teoria precisa deixar claros seus limites e alcances. Ao desconsiderar a dimensão dialética da realidade social, Parsons transforma sua ambição totalizadora em uma epistemologia limítrofe, isto é, um conjunto de conceitos e teorias que forçam a realidade social a se adequar ao arcabouço proposto. Tal visão sociológica acaba por desqualificar as tensões e as contradições como oportunidades de aprofundar criticamente a compreensão acerca da sociedade, até mesmo rever suas estruturas e ideologias. Reduzir os conflitos a problemas de adaptação dos indivíduos às estruturas e instituições sociais é no mínimo uma perspectiva problemática e reducionista.

No entendimento de Parsons, os processos estruturantes levam à integração dos indivíduos e à conformação de suas condutas e motivações aos valores culturais estabelecidos. São processos que se materializam em instituições primárias, como a família, ou em grupos maiores, como escolas, comunidades e igrejas. Esse processo ainda envolve as funções da mídia, da ciência e das instituições de conhecimento, como as universidades.

Conforme essa perspectiva, os sistemas sociais surgem e se propagam como elementos estruturantes do social. No entanto, mesmo quando Parsons postula que os sistemas sociais são abertos, dinâmicos e capazes de assimilar as mudanças sociais, sua definição não deixa de ser autoritária quando estabelece a integração como meta social mais elevada e a adaptação dos indivíduos como objetivos primeiros da vida social.

Embora considerada da mesma matriz epistemológica, a visão estruturalista e funcionalista de Merton se diferencia da de Parsons. Para Merton, a teoria dos sistemas de Parsons se mostrou infrutífera e pretensiosa ao querer abarcar toda a realidade social. Buscando um caminho alternativo, Merton formulou um conjunto de teorias de médio alcance, com potencial de explicar problemas delimitados da sociedade. Fazem parte de seu escopo de pesquisas a marginalização, o racismo, os meios de comunicação social, entre outros temas. Merton inovou também no uso dos grupos focais e nos resultados em pesquisas sobre comportamento dos indivíduos em diferentes campos da vida social.

Um dos problemas centrais da abordagem mertoniana consiste em explicar os processos anômicos da sociedade. Entretanto, ao contrário de Durkheim, Merton busca demonstrar que as condutas desviantes são, em parte, resultado da própria dinâmica social e da cilada engendrada pela sociedade, quando estabelece suas metas culturais, sem, contudo, universalizar as condições para atingi-las. Apesar de sua notável contribuição, Merton não consegue explicar comportamentos anômicos que vão além de um efeito ou reflexo do meio social, como nos casos de crueldade e perversão pessoal. Uma aproximação maior com a psicanálise o teria feito perceber que nem tudo se explica pelo social e que existem dimensões da vida humana que vão além de causas exógenas.

De modo geral, o funcionalismo que esteia as teorias defendidas por Parsons e Merton conserva o legado integracionista de Durkheim e endossa a concepção de que a sociedade funciona como um todo orgânico. Os diferentes aspectos que envolvem os papéis sociais, bem como o acesso aos recursos distribuídos pela sociedade, como honrarias, posições, bens e dinheiro, têm como finalidade a manutenção e a integração do todo social. Cabe aos membros desse todo, mesmo que em diferentes níveis, aceitar e defender essa integração, por isso é fundamental que possam compartilhar os mesmos valores, buscar os mesmos objetivos e aceitar as mesmas normas de orientação.

Como já mencionado, segundo tal perspectiva não dialética, os conflitos e tensões no interior da sociedade precisam ser assimilados rapidamente, por meio de ajustes funcionais, ou mudanças sociais graduais, que não gerem insegurança e não afetem as estruturas constituídas. Trata-se de uma concepção negativa em relação aos conflitos sociais e seu potencial transformador e inovador.

Conforme defendido por Honneth (2003), na gênese de muitos conflitos figura o desrespeito aos direitos e à cidadania. Por isso, diante dos mais variados tipos de conflitos, é preciso considerar seus méritos e as razões de fundo que os motivaram. Dessa forma, é apressado e arbitrário assumir uma posição policialesca ou de criminalização diante de sujeitos e movimentos que se insurgem contra a ordem estabelecida.

Leitura complementar

Cultura e personalidade

[...]

Para Merton (1970) na sociedade norte-americana ocorre grande ênfase sobre objetivos de êxito (principalmente pelo triunfo monetário ou material) para pessoas de todas as classes, sem a ênfase equivalente sobre os meios institucionalizados.

A separação entre objetivos e meios e a consequente tensão provocam a redução da dedicação dos indivíduos aos objetivos culturalmente determinados ou aos meios institucionalizados, isto é, provocam um estado de anomia.

O conceito mertoniano de anomia parte da análise da relação entre a estrutura cultural, de um lado, e a estrutura social, de outro.

A estrutura cultural é definida por Merton (1970) como sendo o conjunto de valores normativos que governam a conduta comum dos membros de uma determinada sociedade ou grupo, ao passo que a estrutura social é entendida como o conjunto organizado de relações sociais no qual os membros da sociedade ou grupo são implicados de várias maneiras.

A anomia é então concebida, por Merton, como uma ruptura na estrutura cultural, ocorrendo, particularmente, quando há uma disjunção aguda entre as normas e metas culturais e as capacidades socialmente estruturadas dos membros em agir de acordo com as primeiras. Conforme esta concepção, os valores culturais podem ajudar a produzir um comportamento que esteja em oposição aos mandatos dos próprios valores.

Construindo uma tipologia de adaptação individual em função de duas variáveis (objetivos culturais e meios institucionalizados de alcançá-los), Merton montou uma tabela com cinco tipos de adaptações, na qual ambas as variáveis podem ser aceitas ou rejeitadas.

A seguinte tabela apresenta os cinco tipos de adaptação, em que (+) significa "aceitação", (–) significa "rejeição", e (±) significa "rejeição de valores predominantes e sua substituição por novos valores".

Tipologia de Modos de Adaptação Individual

Modos de Adaptação	Metas Culturais	Meios Institucionalizados
I – Conformidade	+	+
II – Inovação	+	–
III – Ritualismo	–	+
IV – Retraimento	–	–
V – Rebelião	±	±

Apenas o primeiro tipo de adaptação (conformidade) é de aceitação das duas variáveis desta tipologia. Os outros tipos de adaptação configuram-se como formas de comportamento desviado. Assim, os inovadores (por exemplo, criminosos de classe média) assimilam a ênfase cultural sobre o alvo a alcançar sem, ao mesmo tempo, absorver igualmente as normas institucionalizadas que dirigem os meios e processos para seu atingimento.

Os ritualistas (por exemplo, burocratas que obedecem servilmente as regras sem levar em conta suas finalidades) abandonam os objetivos culturais e prendem-se às normas institucionalizadas, das quais fazem uma virtude. Os que se retraem (por exemplo, psicóticos, certos artistas, párias, proscritos, errantes, mendigos, bêbados crônicos e viciados em drogas) rejeitam tanto os objetivos culturais, como os meios institucionalizados, pertencendo à sociedade somente num sentido fictício.

Já a rebelião (exemplificada por membros de movimentos revolucionários) pressupõe o afastamento dos objetivos dominantes e sua substituição por novos valores.

Como é fácil observar, a abordagem de Merton é radicalmente sociológica, na medida em que situa o indivíduo no confronto com a estrutura social e cultural à qual pertence, e rejeita a predominância dos fatores biológicos como determinantes da conduta humana.

Fonte: Oliven, 2009, p. 29-31.

Síntese

Neste capítulo, tratamos de dois autores representantes de uma importante corrente teórica na sociologia, o estrutural-funcionalismo. Essa concepção teórica é tributária da obra de Durkheim e conserva desse autor a visão funcional da sociedade, entendida como um todo formado de partes funcionais, ou seja, o comportamento humano é explicado como um reflexo da vida social e sua dinâmica. Para Talcott Parsons, é possível explicar a realidade social com base em uma teoria unificadora, que revele o funcionamento dos sistemas sociais. Parsons entende que a vida social acontece de modo relacional entre os indivíduos e os diferentes sistemas sociais que os envolvem, como família, escola e comunidade, além de sistemas mais amplos, como a cultura e o conjunto das instituições.

Outro autor que abordamos foi Robert Merton, para quem a sociedade só pode ser compreendida com base em realidades mais delimitadas, ou seja, Merton discorda de que é possível uma teoria abarcar a totalidade da realidade social. Por isso, esse autor desenvolveu algumas teorias de médio alcance. Por exemplo, estudando o problema da violência urbana ou, ainda, os efeitos sociais da cultura capitalista, é possível compreender situações de anomia. Sobre esse aspecto, detacamos que Merton chama atenção para a armadilha em que vive a sociedade contemporânea, pois as metas culturais de riqueza e sucesso são definidas como objetivos universais a serem atingidos por todos. No entanto, a própria estrutura social não dá condições para que todos atinjam essas metas. O resultado, segundo Merton, pode ser bem problemático para a sociedade, fazendo proliferar condutas de desvio e até de anomia generalizada, o que, por sua vez, coloca em risco a própria integração e o funcionamento da sociedade.

Indicações culturais

Livro

MERTON, R. K. **Sociologia**: teoria e estrutura. São Paulo: Mestre Jou, 1970.

Nessa obra, entre outros temas, Merton se dedica a explicar os processos anômicos na vida social. O autor afirma que a vida social e os padrões e metas culturais estabelecidos geram uma pressão sobre os indivíduos para que se conformem às regras institucionalizadas. Ao longo de sua análise, Merton evidencia que as condutas desviantes resultam da dissociação entre o que é determinado culturalmente e os meios sancionados pela sociedade para que os indivíduos realizem essas metas.

Filmes

CAPITALISMO, uma história de amor. Direção: Michael Moore. EUA, 2009. 127 min.

Trata-se de uma produção que retrata a crise do capitalismo. Ao longo da narrativa, por meio de entrevistas e depoimentos, além de diversas situações contraditórias da sociedade capitalista, Michael Moore realiza uma crítica ácida aos problemas sociais causados pela lógica interna do capitalismo. Em vários momentos, evidencia-se a inversão de prioridades da sociedade mercante que valoriza o progresso material em detrimento das pessoas.

OS EDUCADORES. Direção: Hans Weingartner. Alemanha/ Áustria, 2004. 130 min.

Esse filme conta a história de três amigos estudantes que resolvem lutar contra o capitalismo com criatividade e de modo pacífico. Eles invadem as mansões dos ricos e realizam todo tipo de mudança e bagunça, sem nada roubar. No fim, deixam mensagens de aviso aos donos, como "Seus dias de luxo e riqueza estão no fim". O destaque vai para alguns diálogos instigantes que realizam ao longo do filme, especialmente com um dos seus "alvos", um rico empresário com quem são obrigados a conviver por uma situação inesperada da história.

Atividades de autoavaliação

1. De qual importante sociólogo europeu o estrutural-funcionalismo recebeu influências?

   a) Karl Marx.

   b) Émile Durkheim.

   c) Max Weber.

   d) Antônio Gramsci.

2. Para explicar o funcionamento da sociedade, Parsons elaborou uma complexa teoria. Assinale a alternativa que contém uma síntese dessa teoria:

   a) A realidade social é formada por sistemas sociais e subsistemas que interagem de modo a promover a integração do todo social.

   b) A sociedade é o resultado das ações individuais de cada sujeito.

   c) A sociedade se explica como projeção mental das motivações de cada um e das interações entre os grupos.

   d) A sociedade se explica pela sua lógica microdinâmica.

3. Para Merton, a sociedade capitalista vive uma armadilha social resultante de qual(is) fator(es)?

   a) Uso indevido do livre-arbítrio pelas pessoas.

   b) Universalização de metas culturais e limitação dos recursos para atingi-las.

   c) Excessiva religiosidade dos indivíduos e dos grupos sociais.

   d) Integração social, divisão do trabalho social e educação moral.

4. Entre os efeitos da armadilha social criada pela cultura capitalista, Merton identifica cinco tipos de condutas. Quais são elas?

   a) Conformidade, inovação, ritualismo, evasão e rebelião.

   b) Revolução, rebeldia, cooperação, equilíbrio e novas instituições.

   c) Trabalho, anomia, racionalização, negação e evasão.

   d) Conformação, adaptação, ritos, desmotivação e exclusão social.

5. O ritualismo, segundo Merton, é um tipo de conduta social que se caracteriza como:

   a) luta social.

   b) organização individual e coletiva para atingir as metas sociais.

   c) rebelião diante das injustiças.

   d) regras sociais seguidas de modo mecânico, com poucas expectativas.

Atividades de aprendizagem

Questões para reflexão

1. Retome o que foi exposto sobre as teorias de Talcott Parsons e Robert Merton. Em seguida, indique qual dos autores, na sua opinião, explica melhor a sociedade. Justifique seu posicionamento.

2. Com relação à rebelião a que se refere Merton, elabore um texto com argumentos que se contraponham ao posicionamento desse autor, mostrando que existem aspectos positivos nesse tipo de conduta.

3. Explique que aspectos críticos são apresentados em relação às seguintes ideias da teoria de Parsons: "Não dar a devida atenção aos tensionamentos que podem ocorrer na sociedade, e mesmo no desenvolvimento dos indivíduos, assume um viés conservador e até autoritário".

4. Elabore um texto argumentando sobre os limites da abordagem funcional-estrutural da sociedade.

Atividade aplicada: prática

1. Retome a ideia exposta no trecho a seguir e tente explicá-la com base em situações e fenômenos da sociedade atual.
   Merton busca demonstrar que as condutas desviantes são, em parte, resultado da própria dinâmica social e da cilada engendrada pela sociedade, quando estabelece suas metas culturais, sem, contudo, universalizar as condições para atingi-las.

3

As abordagens sociológicas de Norbert Elias e Pierre Bourdieu

A linguagem do sociólogo não pode ser "neutra" nem "clara". A palavra classe jamais será uma palavra neutra, enquanto houver classes: a questão da existência ou da não existência das classes é uma questão de luta entre as classes. O trabalho de escrita necessário para se chegar a um uso rigoroso e controlado da linguagem raramente leva ao que se chama de clareza, isto é, o reforço das evidências do bom senso ou das certezas do fanatismo.
(Pierre Bourdieu, em *O sociólogo em questão*)

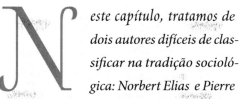

Neste capítulo, tratamos de dois autores difíceis de classificar na tradição sociológica: Norbert Elias e Pierre Bourdieu. O primeiro pela sua abordagem não dicotômica da sociedade, considera que as mudanças nos costumes e na cultura ocidental foram resultado de um longo processo de interação em redes sociais (presenciais) que envolveu as pessoas em novos comportamentos e mentalidades, afetando diferentes aspectos da vida, como família, educação, intimidade, conflito e guerras. O segundo analisa a sociedade com base nos diferentes campos que a constituem, dos quais os indivíduos participam em meio a conflitos e lutas por espaço, poder e reconhecimento. Com base em seus conceitos de campo, habitus e capitais, Bourdieu revela que as ações sociais acontecem na mediação por estruturas sociais condicionantes.

3.1
Norbert Elias

O pensamento social de Norbert Elias (1897-1990) tornou-se um novo paradigma nas ciências sociais. Sua influência marcou uma tentativa de romper com as abordagens dicotômicas da sociedade. Antes de iniciarmos a apresentação de sua teoria, cabe descrever um pouco de sua trajetória, uma vida um tanto quanto conturbada, desde o exílio para fugir do nazismo na Alemanha até o reconhecimento tardio de sua importância como cientista social.

Somente depois de muitos anos de uma vida frugal e um tanto precária, Elias obteve reconhecimento por sua obra, tendo sido laureado com o posto de professor na universidade inglesa de Leicester. Provavelmente pelo caráter inusitado e inovador de sua epistemologia, em que se entende como indissociável a relação entre indivíduo e sociedade, sua produção sociológica colocou em questão o dualismo característico da tradição sociológica, o que implicou a recepção tardia de seus conceitos.

O núcleo do pensamento social de Elias tem como temática central a mudança social nos padrões de vida e nos costumes, bem como na vida social de modo geral. Ele queria entender como ocorrem as mudanças sociais no que se refere à relação dinâmica entre objetividade e subjetividade, sem recorrer à velha dicotomia indivíduo-sociedade.

Elias (2000) inicia sua obra mais conhecida, *O Processo Civilizador*, investigando os significados do termo *civilização*. Aos poucos, sua análise deixa transparecer uma ideia comum às diferentes concepções, a de que *civilizado* quer dizer algo melhor, superior ou aprimorado, em comparação a algo primitivo, grotesco, inferior ou bárbaro – um traço que Elias indica formar o substrato da cultura naquilo que representa a autoconsciência do mundo ocidental. Nas palavras de Elias, citado por Landini (2005), a consciência nacional do Ocidente *resume tudo em que a sociedade ocidental dos últimos dois ou três séculos se julga superior a sociedades mais antigas ou a sociedades contemporâneas "mais primitivas". Com esse termo, a sociedade ocidental procura descrever em que constitui seu caráter especial e tudo aquilo de que se orgulha: o nível de* **sua** *tecnologia, a natureza de* **suas** *maneiras (costumes), o desenvolvimento de* **seu** *conhecimento científico ou visão de mundo, e muito mais.* (Elias, citado por Landini, 2005, grifo do original)

Elias parece partir do pressuposto de que as culturas evoluem de acordo com uma lógica; pelo menos no que diz respeito às culturas ocidentais. Trata-se de um processo, isto é, uma tendência ao melhoramento, ao aperfeiçoamento, dos costumes. Em tal perspectiva, é possível relacionar as ideias de *progresso* e de *civilização* à cultura ocidental. Isso considerado a partir de uma lógica autoreferente no caso da cultura ocidental, segundo Elias.

A perspectiva de Elias antecipou a compreensão da realidade social como **redes de relação e mediação entre sujeitos e instituições**, um traço que seria indicado por ele como constitutivo da sociedade pós-moderna. No processo civilizador, o viés historicista de Elias inovou ao relacionar entre si dimensões da vida social, muitas vezes estudadas em separado, como subjetividade, costumes, moralidade e relações de poder. A abordagem de Elias em *O Processo Civilizador* mostra os processos de sobreposição de costumes e *habitus* culturais em uma lógica operativa e disciplinadora, associada à ideia de melhoramento, de evolução cultural, de aprimoramento de regras de convívio. Por exemplo, ao estudar etiqueta social, o autor identifica uma nova forma de se relacionar socialmente, não mais com base na força, mas no refinamento dos gestos e até no que poderia ser definido como *elegância*. Um comportamento só é possível em face de novos contextos sociais, com base em interações sutis e em redes de interdependência entre os sujeitos que assim agem e se legitimam mutuamente.

A ideia de processo civilizador está relacionada com a identificação de mudanças em costumes e comportamentos que possam ser avaliadas como melhoramentos da sociabilidade humana, por exemplo, as mudanças nos hábitos de higiene e asseio pessoal. Situações similares podem ser vistas em relação ao trato pessoal, à cortesia, à etiqueta, aos bons modos. Segundo Elias, tais elementos indicam um percurso individual e social que qualifica como positivo aquilo que pode ser visível aos outros, aquilo que pode ser indicativo de educado, digno e socialmente aceito, e como vergonhosas, embaraçosas e até repugnantes as ações naturais próprias do corpo que precisam ser escondidas, ou realizadas com a máxima discrição, como arrotar ou eliminar gases. Isso se configuraria na etiqueta de uma vida social, regrada, refinada, dirigida, em meio a grupos e espaços de convivência específicos, como é o caso da vida na corte (Elias, 2001).

O que Elias evidencia é que tanto o *habitus* (um conceito também utilizado por Bourdieu) individual quanto o social tendem a seguir esse percurso como referência de uma segunda natureza, a social, com as características já descritas, no sentido de uma vida regrada, dirigida pela etiqueta e pelo refinamento, como sendo preferível a uma vida natural sem pudor ou autocontrole perante os outros, em diferentes ambientes. Essa verdade ocidental foi para Elias o fio condutor que marcou o processo civilizatório nas culturas europeias.

Nessa linha de análise, existe uma clara correspondência entre o mental e o social, ou, podemos dizer, entre uma psicogênese e uma sociogênese, isto é, nas ações e nos padrões de comportamentos que surgem em meio aos processos de socialização, desde a convivência com a família até a vida social amplificada. Esses padrões são reforçados e sancionados pelo meio social. Nessa dinâmica ocorre também uma psicogênese, naquilo que a psicologia humana realiza em termos de construções e representações sobre a realidade, objetos e indivíduos, daquilo que se concebe como bom, aprazível, benéfico ou ruim, negativo, maléfico, que, portanto, precisa ser evitado no convívio social. Essas representações tendem a ser reforçadas ou punidas conforme o perfil e as regras do grupo a que se pertença. Nesse sentido, são esclarecedores os estudos realizados sobre os manuais de boas maneiras.

Ao estudar as mudanças nos *habitus* e comportamentos de uma época, no tocante ao que é considerado civilizado ou não, Elias reconstitui o processo histórico que os produziu e legitimou. Em um primeiro momento, a leitura de sua obra não foi compreendida justamente por esse tipo de perspectiva. Elias foi classificado por alguns de seus leitores de essencialista e evolucionista. Duas adjetivações que não lhe fazem jus, principalmente em razão de Elias ter em mente justamente o seu contrário, isto é, querer desvelar o processo histórico que subjaz às práticas, ou culturas, ditas civilizadas, evidenciando com isso também as relações de poder que as originaram e sustentam, visto que o que é civilizado, por via de regra, é instituído pelas classes com mais poder, que controlam os dispositivos para legitimar e impor seus costumes. Com o tempo, explica Elias, esse processo ocorre de modo inconsciente e é assimilado por todos os segmentos de uma sociedade, ou tido pela maioria como referência do que significa ser civilizado. Mesmo que um indivíduo pobre não domine a etiqueta de uma classe mais abastada, ele reconhece aquela forma de comportamento diferenciado como algo superior a ele.

3.2
Pierre Bourdieu

O projeto sociológico de Pierre Bourdieu (1930-2002) almejou compreender a sociedade incorporando em sua teoria conceitos elaborados com base na filosofia e no estruturalismo (Riutort, 2008). Sua análise social busca descortinar a lógica escondida nas dinâmicas sociais, tanto dos indivíduos como das instituições. Nomes como Ferdinand de Saussure (1857-1913) e Claude Lévi-Strauss (1908-2009) tiveram grande influência em suas ideias. No entanto, sua obra seguiu um viés diferente dos clássicos do estruturalismo ao discordar da objetividade distinta e independente das estruturas sociais.

Em sua concepção, as estruturas sociais são reflexos dos constructos que permeiam as percepções, os pensamentos e as ações dos sujeitos. Dessa forma, sua teoria é crítica e reflexiva. As análises de Bourdieu colocam em relevo os aspectos ideológicos, reprodutivistas e de dominação que estão no bojo das condutas e das instituições. No limite, a sociologia de Bourdieu procura sair da tensão que situa a ciência neutra de um lado e a ideologia política do outro, buscando, desse modo, desvendar as estratégias de dominação que subjazem aos jogos sociais (Bourdieu, 1999).

Não são poucos os autores, entre eles Vandenberghe (1999) e Robbins (2002), que alertam para as dificuldades de analisar a metodologia de Bourdieu, principalmente porque seu método está intrinsecamente ligado aos seus objetos de estudo. Não há, portanto, uma exposição didática de Bourdieu, no modo como esse autor concebe seus conceitos fundamentais e sua metodologia. Isso nos leva a concordar com Vanderberghe (1999) quando ele afirma que, para Bourdieu, as ideias e os conceitos possuem uma gênese, um contexto, sem o qual não é possível compreendê-los, desacreditando de qualquer teorismo ou abstracionismo infértil e propenso a erros de compreensão.

Um aspecto relativista da sociologia de Bourdieu indica que a história, como fruto das interações entre os agentes e as instituições, pode ser refeita, repensada, desconstruída. Sua sociologia se anuncia como uma práxis contra a violência simbólica. Nesse sentido, diferencia-se de outros intelectuais, como Jean Paul Sartre, que tinha a concepção de intelectual total, isto é, alguém que consegue pensar e abarcar a totalidade do real. Contra essa ideia, Bourdieu é mais propenso a conceber a atividade engajada do pensador, como aquele capaz de desvelar a realidade. Daí sua preferência por utilizar o termo *agente* em lugar do termo *sujeito*. A escolha intencional do termo *agente*, que perpassa toda a sua produção, revela uma epistemologia perspicaz em relação aos limites que a sociedade e suas organizações impõem aos indivíduos.

Para esclarecer algumas das características diferenciadoras do pensamento desse autor, é importante pontuar algumas influências no caminho intelectual desenvolvido por Bourdieu, tentando evidenciá-las em seu pensamento e indicar o modo como alguns de seus conceitos podem ser compreendidos.

Para Riutort (2008), o desenvolvimento intelectual de Bourdieu é tributário da filosofia, da filosofia da ciência e da prática adquirida na etnografia. Isso corrobora o modo como Bourdieu concebe a produção do conhecimento, resultado das interações e das significações simbólicas. Outro aspecto muito presente em suas análises diz respeito às contribuições incorporadas do neomarxismo de Jürgen Habermas (1929-) e do neoestruturalismo de Michael Foucault (1926-1984), ambos seus contemporâneos.

Com relação ao diálogo com o estruturalismo, assume uma posição diferenciada, que ele chama de **objetivismo cego**, valorizando a ação dos indivíduos para explicar as relações sociais. Conserva, contudo, a ideia de que as ações só podem ser compreendidas com base em uma totalidade que abrange sistema e sujeito. Sobre esse aspecto, é possível identificar a originalidade e a sofisticação de seu pensamento, o qual supera tanto a posição do subjetivismo, que não reconhece o peso do social presente nas ações dos sujeitos, quanto do estruturalismo clássico, que em seu determinismo objetivista trata o sujeito como um mero anexo das estruturas sociais.

Avesso à classificação tipológica de seus objetos de estudo, Bourdieu entende que tal postura pode favorecer uma hipostatização dos objetos, transformando uma categoria abstrata em realidade personificada e, dessa forma, negando o aspecto dinâmico e contraditório das relações sociais. É inegável que existam construtos sociais determinados, contudo são realidades históricas e sociais, relativas no tempo e no espaço. Assim, para que o real possa ser compreendido, é necessária uma teoria que considere essas construções sociais, sem perder de vista que refletem e são refletidas pelos sujeitos que delas participam e as produzem. Existe, portanto, um traço relativista em sua sociologia, não sendo possível construir uma teoria social totalizante, como almejava Émile Durkheim. Trata-se de uma sociologia de contexto, válida para objetos e realidades bem pontuais e delimitados, como pensar o sistema educacional francês, o campo artístico, e não uma teoria geral da sociedade.

A perspectiva crítica em relação às implicações sociais e políticas do conhecimento científico faz referência ao pensamento de Gaston Bachelard (1971), levando Bourdieu a perceber que a realidade social, assim como o próprio pensamento, apresenta um movimento próprio e dinâmico que precisa ser compreendido com base em sua gênese, fases e etapas. Da fenomenologia o sociólogo absorveu alguns elementos, entre eles a importância da suspensão do juízo para a elaboração do fato social, dinâmico e relacional, abandonando o que chamou de *atitude natural* ou *naturalizante da realidade*. Esse distanciamento é algo substantivo em sua postura de investigador da realidade, sempre concreta e determinada e, ao mesmo tempo, determinante.

Ainda como herança do marxismo, Bourdieu considera o aspecto conflituoso e dialético da realidade, sem perder de vista o peso das determinações que envolvem a luta de classes por dominação. Nesse âmbito vai se delineando seu conceito de *habitus*, o qual será mais bem explicitado adiante. Cabe, contudo, salientar a recusa ao romantismo marxista, herdeiro do otimismo racionalista que ignora as determinações sociais e históricas presentes na origem de qualquer teoria. Nisso é possível perceber algumas influências da sociologia do conhecimento de Karl Mannheim (1986).

No diálogo com Terry Eagleton (Bourdieu; Eagleton, 2007), fica claro o distanciamento de Bourdieu em relação às categorias clássicas do marxismo, como falsa consciência, alienação e ideologia, mostrando a fragilidade do conceito de ideologia em face dos aspectos da *doxa**, o que ele entende como algo sedimentado na cultura popular e de certa forma imune a um processo pretensiosamente de conscientização das massas em uma linha heterônoma e de certa forma autoritária. O autor chama atenção para os processos de dominação, mostrando que se trata essencialmente de dominação simbólica, exercida nem sempre de forma hegemônica.

Mesmo os diferentes tipos de ação precisam ser considerados com base no contexto de sua gênese, prevalecendo o pressuposto da objetividade subjetivada e da subjetividade objetificada. Para Vandenberghe (1999) tal postura justifica o que Bourdieu salientou como sendo necessário ao cientista social, a chamada *epistemologia aberta*.

---

* Para Bourdieu, *doxa* refere-se ao conjunto de crenças mais ou menos arraigadas na cultura, algo que se impõe como autoevidente e que prescinde de demonstrações ou explicações, sem que seja possível verificar se se trata de algo procedente ou não. Existe uma clara aproximação entre o conceito de *doxa* de Bourdieu e a ideia de senso comum de Gramsci.

3.2.1 Habitus e campo

É preciso ter presente que, em sociedades altamente complexas como aquela em que vivemos, as condutas dos indivíduos assumem cada vez mais aspectos segmentados – família, empresa, arte, educação etc. Dessa forma, Bourdieu (1996) define *habitus* como um conjunto de estruturas que se objetivam na cultura, muitas vezes assumindo a forma de instituições, como a escola e a igreja, que, por sua vez, influenciam na formação, nos valores e nos comportamentos dos indivíduos.

Os *habitus* operam como mecanismos de introjeção das exterioridades, na medida em que os agentes, por estarem inseridos em dada realidade objetiva de sua existência, sofrem uma ação inercial do meio, que estabelece determinadas distinções. Essas distinções afetam a própria constituição do campo, pois abrangem o conjunto daquilo a que se atribui valor, do que em certa medida forma as representações sociais e os significados, algo percebido e buscado pelos agentes.

É nesse sentido que Bourdieu assinala o aspecto funcional do *habitus*, que, na prática, atua como um conjunto de esquemas mentais e performáticos, pois se estende aos comportamentos dos agentes. Trata-se de algo nem sempre consciente presente na ação dos indivíduos, algo já pressuposto na percepção e na reflexão dos agentes. Na composição do conceito de *habitus*, destacam-se o aspecto do *éthos*, que pode ser compreendido como princípios e valores, a moral presente na vida cotidiana, e o aspecto do *hexis*, termo que se refere à dimensão da corporeidade, que abrange as posturas físicas e o gestual do corpo. O *éthos* seria, então, o contexto mais amplo do espectro social, que, afetando a percepção dos agentes, estaria na base de sua ação social. Já o *hexis* seria a finalização ou objetivação do *éthos* no comportamento dos agentes. Ambos são produtos do aprendizado que se torna inconsciente e que se traduz em um conjunto de saberes e habilidades naturalizadas no campo social (Vandenberghe, 1999).

Está implícita em sua noção de *habitus* a compreensão de que o objeto como elemento a ser analisado constitui um nó de inter-relações e determinações que estão na base da construção do social. Prevalece uma perspectiva sistêmica, pois quando o *habitus* entra em relação com a realidade social mais ampla, da qual ele é produto, tem o efeito de integrar o indivíduo ao contexto social no qual está inserido e no qual ele irá se relacionar com outros indivíduos, grupos e instituições. Esse processo gera no indivíduo um sentimento de pertença e de identificação com seu meio social e com a sociedade de modo geral (Bourdieu, 1996).

Partindo-se do que afirma o autor, *campo* configura-se como um universo social com particularidades, constituído por agentes que ocupam posições específicas e diferenciadas, que de certa forma apresentam certa dependência em relação ao capital que possuem no âmbito da estrutura do campo como um todo. Em resumo, o conceito pode ser definido como um conjunto sistemático de posições que se afirmam, se interpõem e que podem ser alteradas e contestadas pelos próprios agentes. Nessa linha, pode-se compreender o campo como um espaço social em disputa, que, por suas características, tem certa autonomia em relação aos outros espaços sociais existentes no conjunto da sociedade. Assim, existe o campo político, o campo econômico, o campo artístico, o campo acadêmico, só para citar alguns. Cada um deles tem seus agentes, suas regras e seus conjuntos de *habitus* característicos.

Embora se possa admitir com segurança que existem relações entre economia e religião, por exemplo, não se pode afirmar que haja uma relação determinante de um campo sobre o outro. Dessa forma, para Bourdieu (1999), as ações dos agentes se tornam estratégias de luta dentro do campo, as quais são determinadas em parte pelos *habitus* e pelo capital acumulado pelos agentes. Formam-se, assim, os mecanismos estruturais de competição e dominação.

Desse modo, as abordagens de Bourdieu sobre *habitus* e campo são complementares e interdependentes. Tomando como referência as sociedades complexas, típicas do período posterior à Revolução Industrial, o autor entende que os diferentes agentes sociais seguem uma lógica própria e diferenciada que os remete a um campo determinado, isto é, um espaço social específico que de certa forma o molda e influencia.

Cada campo dispõe de uma certa autonomia em relação ao todo social, o que coloca aqueles que dele fazem parte em uma situação de compartilhamento das crenças, de formas de ver e agir sobre a realidade. Há, portanto, um componente implícito que subjaz à lógica dos diferentes campos e dos agentes que deles fazem parte. No entanto, o conceito ou categoria de campo só ganha realmente uma coerência orgânica na teoria de Bourdieu quando relacionado aos conceitos de *habitus* e de capital, de que trataremos mais adiante.

É nesse aspecto que a realidade social apresenta uma dualidade, por assim dizer, uma vez que se manifesta, ao mesmo tempo, em uma dimensão subjetiva, quando é introjetada pelos agentes, e em uma dimensão objetiva, ao se materializar na vida social, na forma de ações, comportamentos e estruturas sociais.

3.2.2 Capital

O conceito de *capital* refere-se a recursos de acumulação que se reproduzem dentro de um campo. Há competição existente no campo que impulsiona os agentes a buscar mais capital como forma de se afirmarem, de se legitimarem, ampliando seu domínio no campo. Por isso, Bourdieu estabelece algumas diferenciações entre os capitais:

- **Capital econômico**: diz respeito a fatores de produção e renda, riqueza e patrimônio, bens materiais de modo geral.
- **Capital cultural**: abrange as qualificações, o desenvolvimento intelectual, a escolaridade, o *status* na titulação, aspectos que se refletem na estética do indivíduo, em seu corpo e em sua capacidade de articulação comunicativa.
- **Capital social**: configura-se como o conjunto das relações sociais entre as pessoas e as instituições que agem no sentido de reforçar mutuamente o espaço e o poder do campo a que pertencem e que no limite vão ajudar a constituir o que o autor chama de *capital simbólico*, um amálgama dos demais capitais que se caracteriza pelos aspectos que envolvem honrarias, destaques, prestígio e reconhecimento. Trata-se de algo "exclusivo" dos campos que conhecem e dominam os rituais sociais, os protocolos, a etiqueta e tudo o mais que é utilizado para se diferenciarem das massas, como notáveis, como modelos de vida social a ser imitada.

Tal perspectiva indica que o escopo das ações dos indivíduos reflete de modo implícito as "leis" ou normas introjetadas pelo indivíduo a partir da vivência em seu campo, ou melhor, de sua trajetória social dentro de seu campo. É algo como a interiorização da história ou trajetória do campo em si mesmo. Isso se opera na medida em que a dimensão objetificada do campo se faz presente nas estruturas sociais, nas instituições que lhe são próprias, que o definem e o delimitam de certa forma. Os construtos sociais perfazem e medeiam a ação dos indivíduos, os quais, por sua vez, os interiorizam e os projetam em suas representações sociais.

Um exemplo dessa dinâmica pode ser observado em relação à realidade escolar, ao se considerar o modo como são representados e significados o sucesso e o fracasso de um aluno em um escola. Para

Bourdieu, quando a instituição escolar pessoaliza e individualiza tanto o sucesso quanto o fracasso escolar, está promovendo a reprodução social da desigualdade. Os esquemas classificatórios presentes nas práticas escolares mascaram a desigualdade social. Ora, obviamente que alunos de campos sociais diferenciados, com famílias mais estruturadas, com disponibilidade de cuidado, acompanhamento e preparação, terão um desempenho muito melhor do que os alunos de campos deficitários nesses quesitos. Estes últimos terão, por via de regra, um desempenho inferior. Nesse sentido, é altamente injusto tributar somente ao indivíduo os resultados que consegue alcançar na escola.

Com base em Bourdieu, podemos afirmar que o mérito nada mais é que o legado convertido em oportunidade, de modo que o *habitus* não deixa de ser uma consequência do capital proporcionado pelo campo social do qual os indivíduos participam.

Para Bourdieu, existe uma clara relação de interdependência entre *habitus* e campo, pois a internalização das disposições sociais por alunos advindos das escolas tradicionais, com melhor ensino e infraestrutura, torna-se melhor. Os *habitus* adquiridos nas próprias famílias já reforçam o direcionamento de suas trajetórias escolares. Há, portanto, uma relação de cumplicidade tácita no que diz respeito à realidade objetivada nas instituições escolares. Seguindo a lógica já desenhada no seio da família e da classe à qual pertencem, os alunos naturalizam o lugar que ocupam como seu lugar de direito.

Outro exemplo pode ser identificado no campo artístico, que no período medieval estava tutelado pelo poder eclesial, emancipando-se mediante os desdobramentos do Renascimento e da sociedade moderna, que conferem maior independência e autonomia às produções artísticas, criando e mantendo os próprios critérios de produção, valorização e reconhecimento.

Assim, o estudo sobre determinado campo social, qualquer que seja ele (arte, educação, trabalho ou política), requer a compreensão crítica acerca de sua origem, dinâmica e configuração. Desse modo, será possível desvelar sua lógica interna e a articulação dos atores que o integram, captar o movimento e a direção de seus conflitos e disputas.

Os estudos sociológicos de Bourdieu sobre literatura, em que tentou demonstrar a gênese do campo literário, situam o autor em uma posição polêmica, na medida em que prescinde de uma análise historicista convencional. Para Bourdieu, o campo literário apresenta algumas especificidades, sendo o século XIX apontado o marco histórico em que tem início uma mudança importante nas produções literárias. Bourdieu chama atenção para fatores como uma desconfiança por parte de literatos e segmentos da intelectualidade em relação às consequências da modernidade, haja vista o balanço de duas guerras mundiais, a queda do muro de Berlim, a crise do universo utópico das esquerdas etc. Esses e outros fatores teriam, segundo o sociólogo, contribuído para um movimento de imanência em relação à produção artística, que passa a adquirir valor e legitimidade quase unicamente com base na dimensão estética da obra, e não mais em aspectos éticos ou políticos. O trabalho do artista passa unicamente pelo viés do próprio compromisso com sua visão, criação e linguagem.

Do exposto até aqui, é possível entender que a conceituação de campo corresponde aproximadamente a um espaço estruturado de posições a partir do momento em que está plenamente constituído, tendo adquirido certa autonomia em relação aos demais espaços sociais. Considerando-se os modos como os indivíduos pertencentes a um campo evoluem em suas posições e possibilidades de atuação, configura-se outra importante categoria da sociologia de Bourdieu, de *capital*, ou *capitais*, no plural.

Para que um agente ascenda em sentido pleno em determinado campo, não basta que seja reconhecido como pertencente a ele. Por exemplo, não é suficiente um bom desempenho desportivo para que o indivíduo goze do *status* desse campo, é necessário que esse capital seja convertido em *habitus*, efetivado objetivamente em sua capacidade de articulação interna. Isso se deve ao fato de que não só existe certa interferência dos campos entre si, mas o próprio campo a que pertence um agente é também um espaço em disputa. Ocorre que os diferentes agentes competem entre si, com base em seus capitais, para obter maior espaço, reconhecimento e legitimidade no campo de que participam.

Nessa perspectiva, todo campo é, ao mesmo tempo, um conjunto de forças e um ambiente de disputa. O aspecto que envolve as forças só pode ser compreendido de maneira relacional. Uma posição no interior de um campo não é, portanto, o reflexo cristalizado de algo pontual, isolado, mas algo que lembra uma teia de relações, de pontos que se afetam mutuamente.

É preciso ressaltar outro aspecto igualmente importante, que diz respeito às lutas e disputas que envolvem um campo. Mesmo dispondo de certa autonomia e independência, um campo pode gerar resistência, tanto interna quanto externa. Internamente, como já mencionado, os diferentes agentes podem competir por mais espaço e reconhecimento. A dimensão externa refere-se à ampliação das fronteiras e do raio de influência que um campo pode exercer sobre outros campos ou mesmo sobre a sociedade como um todo (Bourdieu, 1999).

Ao analisar essas questões, Bourdieu identifica dois tipos de ações: **ações estratégicas de sucessão** e **ações estratégicas de subversão**. As primeiras referem-se ao reconhecimento das regras do "jogo social" e ao uso dessas regras em proveito próprio. Espera-se pelo momento certo, pela melhor oportunidade, pelo clima institucional mais favorável e que pode garantir maior possibilidade de êxito à ação. O segundo tipo de ação pode se dar até de modo conjugado, não sendo estanque no "jogo" e na correlação de forças em um campo. Trata-se de situações diferenciadas nas quais os agentes podem ter uma compreensão desfavorável aos seus interesses e, dessa forma, agem no sentido de subverter ou solapar as "regras do jogo". O objetivo pode ser desconstruir critérios ou procedimentos avaliativos desfavoráveis. Vamos imaginar que alguém aguarda uma promoção na empresa em que trabalha, e o tempo corre contra ela. Nessa situação, o agente pode se articular de modo a conseguir alterar esse estado de coisas para configurar um ambiente mais favorável às suas expectativas.

O que se pode depreender dessa análise é que o "jogo social" muitas vezes pode estar submetido a controles excessivos, nos quais a "verdade", os critérios e os valores que permeiam as relações de poder nos diferentes campos, como a escola, a cultura e o próprio Estado, podem entrar em crise e, assim, abrir fissuras e possibilidades de entrada nesses campos. Mesmo em sua análise social pessimista, em relação ao funcionamento da sociedade e a perpetuação de suas desigualdades, Bourdieu acredita ser possível virar esse jogo. Podem se formar vanguardas intelectuais, sociais e artísticas de questionamento do *status quo*. Muitas vezes os dominados adentram novos campos sociais, forçando mudanças, concessões e consquistando direitos (Bourdieu, 1992).

Por diversas razões, diferentes especialistas encontraram na sociologia de Bourdieu um terreno fértil para pesquisas profícuas sobre diferentes objetos de estudo: historia, literatura, antropologia e vários outros ligados às ciências humanas. A perspectiva da sociologia dos campos, por seu caráter reflexivo e compreensivo, implica que se evitem juízos de valor sobre a realidade. Dessa forma, Bourdieu rompe com a sociologia do conflito, de viés marxista clássico, pois entende que os próprios conflitos não podem estar sujeitos aos diversos universos sociais dos quais emergem. Assim, não é possível, sob pena de que a análise sociológica se torne mais doutrinária do que a ciência propriamente dita, hipostatizar categorias, sujeitos e situações.

Síntese

Neste capítulo, abordamos algumas das ideias centrais de dois importantes pensadores da sociedade, Norbert Elias e Pierre Bourdieu. O pensamento social de Elias marca uma novidade em relação às teorias sociais dualistas, que colocam em oposição indivíduo e sociedade. Para Elias, essa separação é meramente didática, pois o tecido social se constrói na relação de complementaridade indissociável entre essas duas categorias. Em uma de suas obras mais conhecidas, *O processo civilizador*, Elias busca explicar as transformações sociais com base nas mudanças culturais e nas mudanças de mentalidade que as acompanham. Existe, segundo esse autor, um processo de mediação que se desdobra em mudanças subjetivas, na interação entre os indivíduos, com reflexos no surgimento de novos costumes e no aprimoramento das regras de convívio entre pessoas e grupos.

Também mostramos que a perspectiva analítica de Bourdieu concebe a sociedade como espaço de lutas e tensões entre os diferentes campos e seus atores, em que, de modo geral, a cultura representa um recurso de dominação dos grupos de poder. Destacamos ainda que seu conceito de *habitus* refere-se ao conjunto de disposições sociais existentes nos indivíduos que de certa forma moldam suas representações de mundo. Os diferentes *habitus* dos diversos grupos e indivíduos estão relacionados aos diferentes capitais que possuem (econômico, cultural e social), referindo-se aos recursos e formas de poder de que um grupo ou pessoa pode dispor e que pode usar para alcançar maior projeção e domínio em seu campo. Por exemplo, um político pode usar seus contatos, sua oratória, sua influência econômica ou ainda seu carisma e liderança para ampliar seu espaço e consolidar sua posição em seu campo político.

Indicações culturais

Livro

BOURDIEU, P. **A dominação masculina**. 2. ed. Rio de Janeiro: Bertrand Brasil, 1999.

Nessa obra, Pierre Bourdieu reflete sobre a força e a influência dos padrões e estruturas masculinas – que atuam até mesmo de modo inconsciente – sobre os indivíduos. O autor também analisa como os esquemas mentais de representação em torno do masculino e do feminino tendem a reforçar estereótipos e padrões sociais no que diz respeito aos diferentes papéis e funções de gênero. No geral, sua análise social chama atenção para os processos que tendem a reafirmar a visão de mundo androcêntrica e naturalizar os padrões sociais masculinizados.

Filmes

MADAME Satã. Direção: Karin Aïnouz. Brasil/França, 2002. 105 min.

A história tem como protagonista João Francisco dos Santos, que ficou conhecido como Madame Satã. Por ser pobre, negro e homossexual, João vivencia diversas situações de violência e discriminação. Ele próprio, diante das adversidades que enfrenta, acaba por reproduzir ações de violência. O filme é denso e provocativo ao mostrar as poucas opções de João, que, em virtude de sua condição, precisa sobreviver no submundo da vida social urbana.

HISTÓRIAS cruzadas. Direção: Tate Taylor. EUA, 2011. 146 min.

Tendo como contexto histórico o sul dos Estados Unidos, no estado do Mississipi, o filme busca retratar a cultura racista sob o olhar de um grupo de mulheres negras que trabalham como domésticas para famílias brancas, uma situação mais ou menos determinada pela cor e pela condição social. A situação começa a mudar, quando, ao relatarem suas vivências para uma jovem escritora, essas mulheres começam a resgatar sua identidade, seus valores e sua dignidade, o que faz surgir diversos conflitos e tensões entre elas e suas patroas.

Atividades de autoavaliação

1. Ao estudar as mudanças na sociedade, Elias tem como foco:
   a) as classes sociais.
   b) as instituições.
   c) o processo civilizador.
   d) as relações de trabalho.

2. Entre os conceitos propostos por Bourdieu para explicar as relações sociais, figuram os de:
   a) classe, grupo, economia e poder simbólico.
   b) *habitus*, campo e capital.
   c) capital simbólico, estruturas sociais e comportamentos individuais.
   d) objetividade e subjetividade.

3. Segundo Bourdieu, *habitus* pode ser definido como:
   a) formas diversas de viver em sociedade.
   b) costumes, moral e valores éticos de cada um.
   c) região e ecossistema social próprio de cada indivíduo e grupo.
   d) disposições sociais que indivíduos e grupos possuem para agir em diferentes contextos.

4. Entre as diferentes formas de capitais identificadas por Bourdieu estão:

   a) capital econômico, capital cultural e capital social.

   b) capital pessoal, capital grupal e capital institucional.

   c) capital simbólico, capital geral e capital difuso.

   d) capital material, capital imaterial e capital simbólico.

5. Segundo Bourdieu, a função estratégica da cultura consiste em:

   a) democratizar o acesso ao conhecimento.

   b) exercer influência e domínio na sociedade.

   c) aproximar indivíduos e grupos.

   d) expressar as diferentes ideologias e visões de mundo.

Atividades de aprendizagem

Questões para reflexão

1. Com relação aos estudos de Norbert Elias sobre a sociedade de corte, explique o papel da etiqueta e dos gestos.

2. Com base nas informações apresentadas sobre a teoria de Pierre Bourdieu, explique como funciona o capital cultural nas relações sociais.

3. Para Bourdieu, quando a escola pessoaliza e individualiza tanto o sucesso quanto o fracasso escolar está promovendo a reprodução social da desigualdade. Procure explicar como isso ocorre considerando-se a realidade escolar.

4. Elabore uma crítica ao conceito de meritocracia escolar com base nas ideias de Bourdieu.

Atividade aplicada: prática

1. Considerando seus estudos sobre as ideias de Norbert Elias, faça uma análise da realidade social contemporânea, identificando que comportamentos podem ser descritos como civilizados.

4

Elementos para uma sociologia crítica

Pois o sacrifício que a sociedade exige é tão universal que, de fato, só se manifesta na sociedade como um todo, e não no indivíduo. De certo modo, esta assumiu a enfermidade de todos os indivíduos, e nela, na demência congestionada das ações fascistas e dos seus inumeráveis modelos e mediações, a infelicidade subjetiva enterrada no indivíduo integra-se na calamidade objetiva visível.
(Theodor Adorno, em *Minima moralia*)

Neste capítulo, tratamos da sociologia crítica de Theodor Adorno e Max Horkheimer, examinando como esses autores explicam o complexo fenômeno da indústria cultural e seus efeitos na sociedade, entre eles o problema da semiformação. Além desses temas, também abordamos as noções de sociologia, sociedade e indivíduo, conceitos fundamentais que estão na gênese de qualquer análise sociológica sobre os problemas da vida social contemporânea.

O primeiro tema discutido neste capítulo é o conceito de *indústria cultural*, de Adorno e Horkheimer. Em 1947, por ocasião da publicação do livro *Dialética do esclarecimento*, os autores utilizam pela primeira vez esse conceito para explicar os processos de transformação da arte no contexto da sociedade capitalista, que passa por um processo de mercadorização. Tanto Theodor Adorno (1903-1969) quanto Max Horkheimer (1895-1973) fizeram parte do Instituto de Pesquisa Social ligado à Universidade de Frankfurt, na Alemanha. Posteriormente, o instituto ficou conhecido, em uma referência genérica, como *Escola de Frankfurt*. O projeto dos integrantes da escola consistia no desenvolvimento de uma teoria crítica da sociedade, articulando elementos do marxismo, da psicanálise e de outras disciplinas, de modo a aprofundar as análises das contradições da sociedade capitalista.

4.1
A indústria cultural e sua gênese

O conceito de indústria cultural encerra a ideia de que as produções artísticas, que antes do capitalismo estavam associadas aos bens do espírito e apresentavam um potencial crítico e contestatório da realidade, são transformadas em mercadorias. Envolvidas pela lógica comercial, as produções artísticas perdem seu potencial formativo, exigindo dos indivíduos cada vez menos reflexão sobre seus conteúdos e significados.

Esse fenômeno torna-se ainda mais complexo e problemático quando se considera a sociedade contemporânea, uma sociedade industrializada, que tem na tecnologia a expressão máxima de sua racionalidade (Marcuse, 1982). Buscando analisar a origem e as consequências dessa racionalidade, Adorno e Horkheimer, no livro a *Dialética do esclarecimento* (1985), examinam a gênese do processo de esclarecimento, isto é, o início e a formação do uso da razão, como modo de pensar a realidade natural e humana, uma característica definidora da cultura ocidental.

Esses dois autores observam que a evolução do esclarecimento em seu viés abstrato acabou se radicalizando, ao considerar somente como válidas as explicações racionais. Essa radicalização, de certa maneira, tornou o próprio esclarecimento, isto é, a própria razão, em uma espécie de mito. No limite, a razão, ao ser mitificada como única e verdadeira forma de ver e pensar o mundo, acaba convertendo-se também em ideologia.

Como consequência da industrialização e dos inúmeros avanços tecnológicos, a razão instrumental fruto de uma razão alienada de si mesma assume mil formas com diferentes facetas. Adorno constata que, apesar de os homens terem dominado a aparelhagem técnica que criaram para dominar a natureza, a humanidade mergulhou em uma forma de barbárie. O curso da razão instrumental culminou, no século XX, em diversas formas de totalitarismo e práticas organizadas de violência e extermínio.

Com o advento da cultura de massas, o esclarecimento transforma-se em mistificação, falsificando a realidade com sua duplicidade, por meio de um sistema de signos, contendo símbolos, textos e imagens para designar uma realidade já interpretada e coisificada. O modo como os conteúdos são produzidos e veiculados pela indústria cultural tem como objetivo promover a passividade dos indivíduos. Toda a sociedade é reduzida a meros consumidores. A indústria cultural, como será mostrado, utiliza o rádio, a televisão, o cinema, a imprensa e, contemporaneamente, as mídias sociais para tentar articular, por meio de diferentes meios, uma semiótica própria, conduzindo a significações equivocadas e distorcidas da realidade, interpretações, por que via de regra, tendem a favorecer o *status quo*. Muitas dessas interpretações assumem a forma de produtos da indústria cultural, como filmes e programas televisivos, que, em sua maioria, operam significados reforçadores da ideologia dominante. Podemos pensar na produção cinematográfica americana, que em cada época refletiu a face dos inimigos dos Estados Unidos, como índios, comunistas e terroristas.

A lógica da produção capitalista invade todas as esferas da vida, torna o próprio lazer uma atividade diretiva e previamente elaborada; "a função que o esquematismo kantiano ainda atribuía ao sujeito, a saber, referir de antemão a multiplicidade sensível aos conceitos fundamentais, é tomada ao sujeito pela indústria" (Adorno; Horkheimer, 1985, p. 117).

Se outrora a arte presente em obras de autores como Baudelaire e Kafka ou ainda na pintura impressionista do século XX representava alguma forma de resistência, na era da indústria cultural, tal arte capitulou diante do poderio técnico da lógica do capital que transforma tudo em mercadoria. Nem os bens artísticos como expressão do espírito conseguiram escapar, pois a "indústria cultural desenvolveu-se como predomínio que o efeito, a performance tangível e o detalhe técnico alcançaram sobre a obra, que era outrora o veículo da Ideia e com essa foi aniquilada" (Adorno; Horkheimer, 1985, p. 119).

Mesmo a arte popular, tradicionalmente ligada às manifestações do povo, com suas danças, festas e folclore, as quais de certa forma são lúdicas e catárticas, pois envolvem as pessoas emocionalmente, contribui com a criação de vínculos com as histórias e seus personagens, podendo trazer novos significados para sua vida. Essas manifestações artísticas acabam sendo recriadas e inseridas em uma estética mercadológica. Tudo precisa ser transformado em mercadoria e gerar, de alguma forma, lucro ou dar algum tipo de retorno comercial.

Tanto a grande arte como a arte popular, que apresentavam um potencial conciliatório diante do mundo e da natureza – potencial este capaz de aproximar os homens uns dos outros, reforçando laços e tradições, ou ainda, pela elaboração de símbolos próprios, pela construção de significados sociais –, tornam-se esferas absorvidas, solapadas, meras mercadorias, em grande parte destituídas de um significado histórico e potencial emancipador.

O que importa nesse sistema é o cuidado técnico; a beleza ausente é substituída pelo efeito, pelo *show*, pelo espetáculo. Nada escapa dos *clichês* e das formas de expressão estereotipadas. A indústria cultural vende um conforto diante do mundo, agora reduzido a uma tela e, dessa forma, "a fusão atual da cultura e do entretenimento não se realiza apenas como depravação da cultura, mas igualmente como espiritualização forçada da diversão" (Adorno; Horkheimer, 1985, p. 135).

As novas tecnologias de entretenimento exigem nada mais que a passividade do espectador, reduzido a mero consumidor de imagens e roteiros, dificultando o pensamento crítico sobre aquilo a que assistem. Seu único esforço é identificar-se com a técnica usada, como se, ao assistir ao filme, estivesse a participar, mesmo que virtualmente, desse universo de consumo. Ao assistir a um filme que teve um custo de milhões de dólares para ser produzido, o espectador sente-se participante dessa grandiosidade que é a **sociedade do espetáculo**.

> *O mundo inteiro é forçado a passar pelo filtro da indústria cultural. A velha percepção do espectador de cinema, que percebe a rua como prolongamento do filme que acabou de ver, porque este pretende ele próprio reproduzir rigorosamente o mundo da percepção cotidiana, tornou-se a norma da produção.* (Adorno; Horkheimer, 1985, p. 119)

O que se evidencia é que, quanto menos esforço de análise e interpretação for necessário por parte dos espectadores, maior a garantia de que a versão da realidade proposta pela indústria cultural não será questionada. A realidade duplicada torna-se ideologia objetivada na arte como produto, reificando a percepção que o sujeito tem do mundo. Consolida-se no plano subjetivo o que objetivamente está posto nas relações de domínio e exploração. Além desses aspectos, a indústria cultural, como forma de criar uma representação da totalidade da vida em sociedade, tende a estimular traços de **narcisismo coletivo**, isto é, contribui para a exacerbação do individual e do pessoal, em detrimento do senso de coletividade. Essa realidade passa a ser vista, de acordo com Baudrillard (1991), como uma hiper-realidade, cheia de efeitos, cores e movimento que transcendem a realidade cotidiana e comum e por isso mesmo têm poder sobre o espectador, que fica absorto pelo *show* e pelo espetáculo veiculado pelos diferentes mecanismos da indústria cultural, como rádio, TV, cinema, jornais, revistas e, recentemente, internet. Os traços de narcisismo são ainda visíveis quando as pessoas são direcionadas a participar da vida social sob a forma predominante do consumo e da formação de si mesmas pelo ato de comprar, um comportamento estimulado, que busca cada vez mais se instituir como sinônimo de cidadania, mas que, na verdade, acaba reforçando um tipo de existência social solipsista.

Como analisado por Adorno, outrora, antes da indústria cultural, a cultura tinha o potencial crítico e formador, na medida em que possibilitava às pessoas uma experiência pessoal com a realidade, com o mundo, com o outro. Contemporaneamente, a cultura, reduzida ao seu valor de troca, como bem de consumo, mera mercadoria, favorece que a subjetividade das pessoas fique à mercê da "barbárie estética que consuma hoje a ameaça que sempre pairou sobre as criações do espírito desde que foram reunidas e neutralizadas a título de cultura. Falar em cultura foi sempre contrário a cultura" (Adorno; Horkheimer, 1985, p. 122).

Diante do apelo consumista e individualista compulsivamente dirigido pelos produtos e veículos da indústria cultural ao espectador, parece desaparecer a figura do indivíduo*, que deixa de ser um sujeito histórico, consciente de suas escolhas. Com base na noção de indivíduo considerada aqui, é possível identificar o surgimento de uma subjetividade ilusória, diluída, em que esse indivíduo é, por assim dizer, fabricado e modelado. Estimulado a se diferenciar, ele o faz, afirmando a total igualdade de pertencer à massa.

> *A semelhança perfeita é a diferença absoluta. A identidade do gênero proíbe a dos casos. A indústria cultural realizou maldosamente o homem como ser genérico. Cada um é tão somente aquilo mediante o que pode substituir todos os outros: ele é fungível, um mero exemplar. Ele próprio, enquanto indivíduo, é o absolutamente substituível, o puro nada, e é isso mesmo que ele vem a perceber quando perde com o tempo a semelhança".* (Adorno; Horkheimer, 1985, p. 137)

A todo instante se exibem produtos culturalmente carregados de apelo de novidade, mas, tal como no mito, o que se evita ainda é o substancialmente novo: "A máquina gira sem sair do lugar" (Adorno; Horkheimer, 1985, p. 126).

Diante do exposto, é difícil não concordar com a ideia de que, no contexto da indústria cultural, o indivíduo torna-se ilusório

> *não apenas por causa da padronização do modo de produção. Ele só é tolerado na medida em que sua identidade incondicional com o universal está fora de questão. Da improvisação padronizada no jazz até os tipos originais do cinema, que tem de deixar a franja cair sobre os olhos para serem reconhecidos como tais, o que domina é a pseudoindividualidade.* (Adorno; Horkheimer, 1985, p. 145)

---

*   A noção de indivíduo a que se alude aqui refere-se à compreensão dada por Adorno: "Só é indivíduo aquele que se diferencia a si mesmo dos interesses e pontos de vista dos outros, faz substância de si mesmo, estabelece como norma a autopreservação e o desenvolvimento próprio" (Adorno; Horkheimer, 1956, p. 52).

No reino da falsa individualidade, instala-se o desespero de se agarrar a tudo aquilo que se apresenta como novidade. Usam-se jargões e expressões da moda, adotam-se comportamentos, consomem-se mercadorias, tudo que possa fornecer uma aparência de diferenciação. No entanto, o que se pode constatar é que tudo já está padronizado, ou em processo de padronização.

Mesmo em um mundo visivelmente lançado em um mar de caos, guerras e convulsões sociais, com toda a demanda de sofrimento – marca fundamental da experiência subjetiva humana –, a indústria cultural, por meio de seus mecanismos e processos, insiste sistematicamente em negar ou falsear essa experiência com a dor, por meio de imagens e produtos de felicidade – filmes, novelas, produtos, receitas, modas etc. E, mesmo diante de situações de dor e sofrimento, a fenomenologia do "jornalismo de informação" evita com todo o cuidado a reflexão mais profunda. Informa-se desinformando. A ausência de reflexão e contextualização dos acontecimentos sociais dificulta a síntese pessoal e um posicionamento mais consciente e elaborado diante do mundo e sua complexidade. Tal abordagem midiática tende a reforçar um sentimento de perplexidade e impotência diante do mundo.

A naturalização das contradições, a redução do indivíduo a uma consciência de rebanho* e a conformação com a realidade fabricada dificultam que as pessoas desenvolvam uma experiência individual,

---

* Sociologicamente consideradas, as noções de verdade e mentira não são mais do que representações temporais da cultura cristalizada em dada época e lugar, o que não deixou de ser criticado por muitos pensadores, entre eles Nietzsche, para quem verdade e mentira são apenas expressões da linguagem de rebanho. Tal perspectiva corrobora nosso argumento no sentido de que o sujeito médio, semiformado, submetido aos ditames da indústria cultural, que são as verdades e as mentiras hegemonicamente construídas, não deixa de estar, pelo menos em parte, tutelado, distante de uma conduta livre e independente.

elaborando uma cultura como fruto dessa experiência subjetiva própria, condição *sine qua non* para uma vida social mais autônoma, livre e independente.

Toda a contradição presente na própria estrutura da realidade, com seus conflitos, contrastes, movimentações ou qualquer outro elemento que possa de alguma forma ameaçar ou pôr em questão a ordem estabelecida, é rapidamente absorvida, capturada, ressignificada pelo sistema em sua funcionalidade.

A indústria cultural representa a construção de uma totalidade da vida social, absorvida pelo sistema em seu infindável catálogo para tudo o que existe; os conflitos e as divergências de interesses são assimiladas pela funcionalidade do sistema. O resultado desse processo é o que Adorno identifica, em sua obra *Minima moralia* (1992), como uma vida danificada, resultante, em grande medida, da vida social administrada.

Outro autor que contribui para uma análise crítica da sociedade capitalista é Herbert Marcuse (1898-1979). Participante da Escola de Frankfurt, esse autor reforça essa argumentação, ao assinalar que a sociedade industrial converteu-se ela mesma em ideologia, utilizando seus recursos e tecnologias como forma de dominação. Seu aparato tecnológico não é usado somente para dominar a natureza, mas sobretudo para subjugar os homens. Trata-se de compreender que "a livre escolha entre a larga quantidade de bens e serviços não significa liberdade quando estes bens e serviços mantêm o controle social sobre uma vida de esforços e medo, ou seja, de alienação" (Marcuse, 1982, p. 12).

A sociedade tecnológica tornou-se totalitária na medida em que a própria racionalidade tecnológica tornou-se uma racionalidade política. Uma tal "sociedade sem oposição" tem no consumismo sua principal estratégia para domesticação das massas, o que foi denominado por Marcuse (1982) **sociedade unidimensional**.

Os meios de transporte e comunicação em massa, as mercadorias, casa, alimento, roupa, a produção irresistível da indústria de diversão e informação, trazem consigo atitudes e hábitos prescritos, certas reações intelectuais e emocionais, que prendem os consumidores aos produtos. Os produtos doutrinam, manipulam, promovem uma falsa consciência. Estando tais produtos à disposição de maior número de indivíduos e classes sociais, a doutrinação deixa de ser publicidade para tornar-se um estilo de vida. (Marcuse, 1982, p. 31-32)

Em resumo, para Marcuse, a sociedade industrial articula cultura e tecnologia de modo a promover a subjetivação do sujeito, fazendo surgir uma personalidade objetiva, subsumida pelo controle do capital, produzindo uma existência mimética.

Tal realidade se configura numa estratégia de manipulação e criação de necessidades que são retroalimentadas e que acabam reforçando os padrões de comportamento, dando ainda maior coesão ao sistema e à ordem vigente, pois "O que não se diz é que o terreno no qual a técnica conquista seu poder sobre a sociedade é o poder que os economicamente mais fortes exercem sobre a sociedade" (Adorno; Horkheimer, 1985, p. 114).

4.2
Cultura e semiformação

Os desdobramentos da indústria cultural produziram um fenômeno ainda mais pernicioso no campo da cultura e da educação, uma realidade que Adorno tentou analisar em sua **teoria da semicultura**, assunto que passamos a apresentar a seguir.

Convertida em fetiche por meio da indústria cultural, a cultura tem servido de obstáculo à possibilidade de uma experiência formativa autêntica. Deixa de ser fruto de uma experiência do sujeito com o mundo para se transformar em mimese representativa, expressão de um sujeito alienado, reificado pelo consumo como expressão única do valor de troca.

Nesse processo, a própria noção de indivíduo fica difusa e fragmentada, pois a pressão social leva os sujeitos a se assemelharem, reproduzindo a vida social estandardizada. Na busca de um ideal de autopreservação social, configura-se uma formação regressiva que dificulta as possibilidades de o indivíduo tornar-se um ser autônomo e independente, insurgir-se ou rebelar-se.

A rigor, o que está posto é a rejeição da ideia de cultura como elemento abstrato, cultura do espírito, esfera independente da vida material, pois "Não é a consciência dos homens que determina o seu ser social; é o ser social que, inversamente, determina sua consciência" (Marx, citado por Plekhanov, 1901). A cultura, como elemento superestrutural da sociedade, encontra-se subordinada às mesmas leis históricas determinadas pelo modo de produção capitalista.

No limite, a hegemonia alcançada pela indústria cultural promove sistematicamente a semiformação, restringindo a educação à adaptação dos sujeitos para a vida em sociedade. Trata-se de uma socialização que visa somente à adequação do indivíduo ao seu meio, uma educação que, segundo Adorno, reveste-se de um teor conservador e reacionário, o que se contrapõe ao ideal de uma *educação emancipadora*, no sentido em que Adorno utiliza esse termo.

> *Seria preciso, a partir do movimento social e até mesmo do conceito de formação cultural, pesquisar como se sedimenta – e não apenas na Alemanha – uma espécie de espírito objetivo negativo. A formação cultural agora se converte em semiformação socializada, na presença do espírito alienado, que, segundo sua gênese e seu sentido, não antecede à formação cultural, mas a sucede. Deste modo, tudo fica aprisionado*

nas malhas da socialização. [...] Apesar de toda ilustração e de toda informação que se difunde (e até mesmo com sua ajuda) a semiformação passou a ser a forma dominante da consciência atual, o que exige uma teoria que seja abrangente. (Adorno, 1996, p. 388)

O que se depreende do pensamento do autor é que, em se tratando da experiência docente, sua relação ocorre mediada por uma *mimesis* representativa. Isso equivale a dizer que o indivíduo semiformado experimenta a cultura reproduzindo seu conteúdo, em que pese esse comportamento ser a negação do sentido formativo da cultura. A reprodutibilidade e a imitação impossibilitam o caminho rumo ao esclarecimento. A crítica de Kant permanece muito atual:

O Esclarecimento é a libertação do homem de sua imaturidade (Unmündigkeit) autoimposta. Imaturidade é a incapacidade de empregar seu próprio entendimento sem a orientação de outro. Tal tutela é autoimposta quando sua causa não reside em falta de razão, mas de determinação e coragem para usá-lo sem a direção de outro. Sapere Aude! Tenha coragem de usar sua própria mente (Verstandes)! Este é o lema do Esclarecimento. A preguiça e a covardia são as causas pelas quais uma tão grande parte dos homens, depois que a Natureza de há muito os liberou de uma direção alheia [A482] (naturaliter maiorennes), continuem no entanto de bom grado tutelados durante toda a vida. São também as causas que explicam por que é tão fácil que os outros se constituam em seus tutores. É tão cômodo ser imaturo. Se tenho um livro que faz as vezes de meu entendimento, um pastor que tem consciência por mim, um médico que decide a respeito de minha dieta etc., então não preciso nem tentar. Não tenho necessidade de pensar, quando posso simplesmente pagar; outros se encarregarão em meu lugar do trabalho cansativo. (Kant, 2012)

Conforme essa linha de pensamento, surge como consequência um hiato entre sujeito e objeto, entre a capacidade dos indivíduos de pensarem o mundo e as limitações a essa capacidade colocadas pela semiformação. Predominam as massas semiformadas, de tal modo que o sujeito semiformado produz e reproduz uma semicultura, vive uma semivida. Embrutecido e desumanizado, submetido aos ditames da indústria cultural, faz da barbárie seu expediente cotidiano.

No âmbito da formação docente, poderíamos indagar se esse processo de semiformação não estaria ocorrendo. Não seriam indícios dessa semiformação o uso de revistas[*] produzidas com a finalidade de auxiliar e subsidiar os trabalhos dos professores em sala de aula? Alguém poderia questionar: Por que ler a obra de um autor clássico se é possível ler um resumo de suas ideias? Não é mais cômodo incorporar um roteiro de aula já pronto do que elaborar um próprio e original? Por que pensar por si mesmo e esforçar-se em produzir uma síntese pessoal de conhecimentos e teorias, se já existem inúmeros comentadores e resenhas prontas?

A reflexão desenvolvida em torno do que representa o uso dessas publicações por parte dos docentes é feita com base em minhas observações empíricas, realizadas ao longo de mais de dez anos como professor da educação básica em escolas públicas e privadas. É evidente que essas conclusões não podem ser generalizadas, no entanto elas revelam elementos preocupantes sobre as implicações da semicultura no meio educacional.

Cumpre registrar o aspecto curioso no modo de apropriação desses conteúdos por parte de alguns docentes, em geral de forma um tanto

---

[*] Em âmbito nacional, existem diversas publicações direcionadas ao público docente, até mesmo com conteúdos segmentados de acordo com disciplinas e áreas do conhecimento, como língua portuguesa, geografia, matemática, sociologia, história, ciência, psicologia, literatura, artes e diversas outras. São publicações de grandes editoras, com circulação nacional e milhares de assinantes entre instituições de ensino e leitores que fazem compras avulsas nas bancas.

mecânica, sem que os conteúdos sejam reelaborados ou problematizados, para então serem utilizados em sala de aula.

Quando o uso dessas revistas acontece sem a devida transposição didática, isto é, sem as devidas mediações e adaptações em função dos diferentes públicos e suas realidades, instaura-se uma situação problemática, principalmente porque essas revistas disseminam conteúdos de diferentes áreas de maneira superficial e por vezes simplificadora.

Talvez em decorrência do caráter comercial, mesmo autores clássicos que exigem maior esforço de interpretação e aprofundamento são apresentados de modo coloquial, em tom quase jocoso. Subjacente à simplificação e à superficialidade de conteúdos, está justamente a ideia de semiformação, sendo, na verdade, um de seus princípios universalizar a "compreensão" de conteúdos. Assim, aquilo que é "entendido e experimentado medianamente – semientendido e semiexperimentado – não constitui o grau elementar da formação, e sim seu inimigo mortal [...]. Elementos formativos inassimilados fortalecem a reificação da consciência que deveria justamente ser extirpada pela formação" (Adorno, 1996, p. 379).

No limite, muitos dos conteúdos veiculados por essas revistas acabam tornando-se fontes de referência para muitos professores. Não estamos questionando a boa intenção dos docentes na utilização dessas revistas, queremos apenas chamar atenção para alguns aspectos importantes envolvidos nesse processo. É preciso ter em mente que os diferentes editoriais reivindicam sua legitimidade, apresentando textos, artigos e matérias reunidos em uma lógica de relevância. Pautam diferentes discussões sobre o papel da escola e dos professores; direcionam olhares, análises e pontos de vistas. Em resumo, buscam operar uma produção de subjetividade docente. Obviamente que tal produção não é absoluta e não acontece de maneira monolítica, mormente pela existência de divergências e discordâncias entre diferentes editoriais e também em função da maior ou menor capacidade de crítica e reflexão dos leitores e professores que se utilizam dessas publicações para suas aulas. No entanto, permanece o mesmo objetivo: vender! No contexto de uma sociedade semiformada, inclusive no meio educacional, conforme destacou Adorno, torna-se problemática essa conjuntura, pois

quando o espírito não realiza o socialmente justo, a não ser que se dissolva em uma identidade indiferenciada com a sociedade, estamos sob o domínio do anacronismo: agarrar-se com firmeza à formação cultural, depois que a sociedade já a privou de base. Contudo, a única possibilidade de sobrevivência que resta à cultura é a autorreflexão crítica sobre a semiformação, em que necessariamente se converteu.
(Adorno, 1996, p. 390)

Tais revistas trazem referências de ordem objetiva: editoriais que referendam certas teorias e criticam outras; reportagens positivas sobre novas ideias e práticas, roteiros de aulas; matérias elogiando instituições e sistemas de educação, defendendo certos projetos, ideias, crenças e comportamentos. Tudo isso forma um amálgama carregado de intencionalidades, em que se observam, de um lado, a indicação de filmes e livros de autores considerados de vanguarda e, de outro, o desconhecimento que ignora outros referenciais. Todos esses fatores não podem ser ignorados, sob o risco de se manter uma atitude ingênua diante do impacto que esses conteúdos podem estar provocando no trabalho docente.

Entre os conteúdos de ordem subjetiva, destacam-se a exploração de signos e significados que têm relação com o universo do trabalho docente e elementos que envolvem sua identidade, como sonhos, realização, modelos de sucesso e de destaque na área. Depoimentos e premiações são articulados em um todo, que acaba por constituir o universo simbólico do professor. Esses delineamentos podem ajudar no reforço de condutas sobre o que é, ou não, ser um bom professor, ou ainda, sobre o que é, ou não, uma boa aula, uma boa avaliação, uma boa escola, uma boa ou má teoria.

Não se pode negar que estes e outros aspectos se configuram como elementos fundamentais para pensar a educação. Contudo, quando essas questões são pautadas por revistas comerciais, sem que sejam consideradas as diferentes realidades e singularidades locais e regionais, assim como os contextos sociais, políticos e econômicos em que estão inseridas, são veiculadas análises heterônomas envolvendo a educação e os diversos sujeitos que dela fazem parte.

Criam-se modelos de referência e orientação. Os conteúdos de muitas revistas acabam por eleger modelos e ideais sobre o que seja mais adequado, positivo, necessário e relevante sobre a prática docente. A indústria cultural que se propaga também por essas publicações cria obstáculos à autonomia docente e acaba por promover o contrário, uma vez que "Os sistemas delirantes coletivos da semiformação cultural conciliam o incompatível; pronunciam a alienação e a sancionam como se fosse um obscuro mistério e compõem um substitutivo da experiência, falso e aparentemente próximo, em lugar da experiência destruída" (Adorno, 1996, p. 382).

Nos diversos conteúdos veiculados pela indústria cultural, inclusive em "produtos" que visam auxiliar os professores, é forte a presença de textos e imagens, que ensejam interpretações denotativas. Modelos de educação, com sugestões e roteiros de aulas, por estarem nessas revistas, são vistos como se fossem bons e adequados. Trata-se de uma visão do mundo e da cultura docente que em última análise engendra um processo de identificação positiva com esses modelos e práticas, pois "os ideais são um conglomerado de noções ideológicas que se interpõem entre os sujeitos e a realidade, e a filtram. Estão de tal modo carregadas afetivamente, que a *ratio* não pode desalojá-las aleatoriamente e a semi-formação as une" (Adorno, 1996, p. 387).

O que está em curso é um processo de subjetivação do sujeito. Segundo Guattari e Rolnik,

> *A subjetivação ou produção de subjetividade [. . .] adentra no âmbito da modelização, estando aí inseridos os comportamentos, sentimentos, emoções, percepções, memória, relações sociais, dentre outros. Propõem a ideia de uma subjetividade de natureza industrial, maquínica, ou seja, essencialmente fabricada, modelada, recebida, consumida. [. . .] dissociação entre individualidade e subjetividade, já que os indivíduos decorreriam de uma produção feita em série, registrada, de massa, enquanto a subjetividade, por sua vez, decorreria de uma construção e modelação que se dá no registro do social. Nestas modelação e produção, está compreendido tudo o que se dá no campo do social, as relações e vivências na família, na escola, no ambiente privado e doméstico. Enfim, a produção da subjetividade constitui matéria prima de toda e qualquer produção.* (Guattari; Rolnik, 1996, p. 46-47)

Se considerarmos os professores que atuam na educação infantil e que trabalham com alunos em formação, o cenário torna-se ainda mais problemático e preocupante. Os professores dessa etapa representam os primeiros mediadores institucionais da cultura e da sociedade. É nesse período que as crianças entram em contato com diferentes linguagens. A vivência escolar nessa etapa em muito contribui para a formação de uma rede conceitual primária, com referências éticas, estéticas, políticas, sociais e científicas. Aqui se encontram elementos importantíssimos que vão compor a formação da estrutura de pensamento da criança. Tais professores são os primeiros a ajudar os alunos a desenvolver suas hipóteses sobre o mundo em que vivem. Dessa interação resultam as bases para uma semiótica institucionalizada composta de valores, prejuízos e significações que estarão presentes na prática escolar, o que torna os efeitos da indústria cultural e da semiformação, que dela decorre, ainda mais perniciosos.

Ora, do exposto até aqui e no que tange à relação entre cultura e educação, é preciso salientar o caráter político e ideológico desta última. Nesse sentido, a educação surge como elemento mediador entre indivíduo e sociedade. Essa mediação se dá em meio às tensões dialéticas e contraditórias que se expressam de modo patente na realidade escolar. Por meio da educação, os indivíduos se igualam e se diferenciam ao mesmo tempo. Pela educação, o indivíduo forma sua identidade social e também se afirma em sua singularidade. Nesse processo, revela-se a dimensão de adaptação e emancipação que caracteriza a práxis escolar.

Contudo, no contexto de uma sociedade industrial capitalista predomina a exigência funcional dos sistemas sociais, restringindo a prática docente ao momento da adaptação por meio de um ensino que tem visado à socialização e à integração social. Adorno chama atenção para esse fato argumentando que desse modo tem sido perpetuada a semiformação e, dadas as condições objetivas da escola e da sociedade, tem sido potencializada a barbárie.

Tudo isso ocorre em meio aos processos de ensino e desenvolvimento; alfabetização e socialização. Nesse aspecto, com razão afirma Adorno (1995) que a escola quase sempre fica restrita à adaptação e à integração dos indivíduos.

> A educação seria impotente e ideológica se ignorasse o objetivo de adaptação e não preparasse os homens para se orientarem no mundo. Porém ela seria igualmente questionável se ficasse nisto, produzindo nada além de well adjusted people, pessoas bem ajustadas, em consequência do que a situação existente se impõe precisamente no que tem de pior. Nestes termos, desde o início existe no conceito de educação uma ambiguidade. Talvez não seja possível superá-la no existente, mas certamente não podemos nos desviar dela. (Adorno, 1995, p. 146)

Considerando-se o âmbito da educação, da formação e do trabalho docente, e tendo como referência empírica as observações realizadas, surgem alguns questionamentos importantes: Não estaria a subjetividade sendo envolvida em meio ao ideário da semiformação? A incorporação de práticas e discursos advindos das revistas mencionadas não indicaria sinais de uma subjetividade administrada, sendo razoável supor que uma tal subjetividade docente, produzida nos moldes da indústria cultural, desdobra-se em um jeito de ser professor, influenciando a imagem que este tem de si mesmo e de sua profissão?

Esses questionamentos indicam que os conteúdos veiculados pelas revistas acabam por estabelecer diferenças, com base nos diversos modelos que apresentam concernentes à prática educativa; estabelecem parâmetros sobre o trabalho e a formação docente, fornecem modelos teóricos e reafirmam paradigmas educacionais, afinados com as tendências em voga.

4.3
Em que consiste uma ciência da sociedade?

Para Adorno e Horkheimer (1956), a sociologia, entendida como ciência da sociedade, teria um aspecto artificial e tardio, representando um fenômeno típico de um saber que tenta se constituir aos moldes das ciências naturais. Tendo sido atribuída a Auguste Comte sua elaboração inicial, com publicação da obra *Curso de filosofia positiva*, o aspecto positivo teria ficado inerente a sua concepção de sociedade, sendo, portanto, a sociologia considerada pelos autores uma filha do positivismo. Nessa indicação, é possível antever o aspecto fundamental de sua crítica à sociologia de viés positivista. A construção de Comte visa emancipar o saber sobre a sociedade de seus ranços não científicos. Mantendo-se fiel aos fatos, aquele autor acreditava poder atingir o mesmo nível de certeza e segurança das ciências naturais, superando a tradição filosófica desde então.

Ao analisarem o pensamento social de tradição filosófica, Adorno e Horkheimer buscam estabelecer parâmetros diferentes sobre a compreensão da sociedade. Indicam que o projeto comtiano não tem nada de original, exceto pela sua pretensiosa análise reducionista do indivíduo e da sociedade.

Citando o pensamento de Platão em *A república*, os autores demonstram que já nesse contexto se anuncia uma teoria social. Eles retomam alguns conceitos do filósofo cuja metafísica servirá de base para sua teoria da sociedade justa e da organização do Estado e da educação. O conceito de ser é substituído pelo de devir, no qual o saber se desdobra na correta atitude. Assim, a utopia platônica conserva em sua organização hierárquica da sociedade os traços da estratificação social típica do feudalismo. A ideia de uma base ontológica para a sociedade perde sua força para o sentido do devir social, como algo não estático, mas que está em transformação – ou, como dirá Comte posteriormente, em evolução, devendo-se lembrar que o termo *evolução* na perspectiva comtiana, apresenta uma conotação política e ideológica, ao se identificarem como modelo de evolução, de um lado, a sociedade ocidental e, de outro, o indivíduo burguês.

Por isso, não é mais a ontologia, e sim a filosofia da história que proporcionará as bases para as posteriores construções teóricas acerca da sociedade. Quando, a partir do movimento renascentista e do Iluminismo, as ciências da natureza e o método científico ganham maior rigor e exatidão, proporcionando grandes avanços e progresso técnico, também as teorias sobre a sociedade devem seguir o mesmo modelo e alcançar o mesmo nível de certeza e exatidão. Na citação de Comte, "quanto mais a moderna sociedade dinâmica se aproxima do domínio da natureza, menos tolera o atraso dos conhecimentos sobre si mesma" (Adorno; Horkheimer, 1956, p. 13).

Em tal perspectiva, Comte propõe-se a missão de descobrir as leis necessárias que regem o funcionamento da sociedade. Dessa forma, funda uma nova ciência com base na observação pura, no experimento e no método comparativo. Tal perspectiva enseja uma boa dose de "imparcialidade", pois a sociedade não deve ser admirada ou julgada, e sim observada e de modo rigoroso, desconsiderando-se *a priori* qualquer possibilidade de levar em conta contradições imanentes da vida social. Teoria e práxis estavam nitidamente separadas. É preciso subordinar o saber aos fatos em um sentido retrospectivo, pois só quando a socie-dade se desenvolve de fato, tendo transcorrido as mudanças, é que as regras podem ser formuladas. Fica impossibilitada uma perspectiva de totalidade sobre a análise social, agora fragmentada em temas isolados, como família, religião, profissão e política. Assim, o saber fica reduzido a classificações, ou seja, enumerações de toda ordem. A interdepen-dência entre essas áreas acaba não sendo pensada, em uma perspectiva sociológica positivista, em relação ao conceito amplo de sociedade com seus contrastes e contradições. "Comte pertence já a fase de desenvolvi-mento burguês em que se tornou problemática a crença na capacidade de autoaperfeiçoamento da sociedade humana, realizado através de ação pedagógica. A Sociologia comteana apesar de dizer o contrário e a-histórica [sic]" (Adorno; Horkheimer, 1956, p. 18).

Na perspectiva comtiana, a ciência da sociedade, em conformidade com as leis necessárias que regem o curso dos acontecimentos, não permite qualquer intervenção que não obedeça ao mesmo princípio. Desse modo, cabe a quem estuda a sociedade manter-se em uma atitude de passividade, esperando que ela atinja sua configuração final, para que então possa ser estudada, explicada ou justificada. Conforme Comte, a ação contínua das intervenções que não se adaptam às leis imanentes do desenvolvimento – tanto as revoluções como as intervenções do mecanismo do mercado – produz, necessariamente, a destruição do organismo social (Adorno; Horkheimer, 1956, p. 18).

Em que pese a complexidade da sociedade, é pretensioso pensar, segundo Comte, que uma vontade abstrata, limitada – alguém que analise a sociedade criticamente – pode interferir no progresso material e no curso dos acontecimentos.

> *A crítica da vontade abstrata de corrigir o mundo converte-se em depreciação de todo o esforço para elevar as instituições da sociedade do campo das lutas cegas até o nível de um empreendimento conscientemente racional. Com o culto do positivo, a Razão entrega-se, uma vez mais, ao irracional.* (Adorno; Horkheimer, 1956, p. 16)

Rompendo, não sem nenhum prejuízo, com a doutrina filosófica da sociedade de Platão, de Aristóteles e de Hegel, que conservavam ideias de realização em conformidade com o desenvolvimento do Ser, Comte procurou combater toda reflexão de ordem teleológica, buscando tão somente uma conformação da descrição dos vínculos causais regulares. Sob a influência da ditadura da positividade e das promessas do método científico experimental, a sociologia comtiana, traindo seu progressivismo, converte-se em ideologia justificadora da sanha burguesa por desenvolvimento material.

> *O impulso da possível transformação do Ser, por obra do Dever-Ser, que é próprio da Filosofia, dava margem à sóbria aceitação do Ser como Dever-Ser. E assim tem sido desde os tempos de Comte até aos mais famosos líderes de escola da Sociologia moderna: Max Weber, Émile Durkheim, Vilfredo Pareto. [. . .] a Sociologia abstém-se de complicar criticamente o edifício do existente.* (Adorno; Horkheimer, 1956, p. 17)

O resultado de tal atitude é a fetichização da realidade, a conformação com o estabelecido, o discurso ideológico sobre os acontecimentos. Ao se desconsiderar a vinculação total da sociedade e se ignorar que os fenômenos sociais são históricos, dialéticos e contraditórios, configura-se uma sociologia sem objeto, sem legitimidade.

A pretensão de imparcialidade e objetividade é, no mínimo, forçosa. Assim como não existem no plano do objeto e do método uma economia pura nem uma psicologia pura, também não é possível uma sociologia pura. Isso, de antemão, converte-se, sim, em pura ideologia. Com a especialização e a divisão do trabalho intelectual em disciplinas cada vez mais especializadas, corre-se o risco de falsear a própria realidade estudada, ao se considerar como esclerosado o conceito de totalidade. Uma ciência do social que se atém somente ao dado positivo torna-se acrítica. A postura de não questionar, mas somente explicar ou justificar a realidade social, está envolta em suspeição.

4.4
Sobre a sociedade

O objetivo desta seção é refletir sobre a conceituação de *sociedade*, tendo como referencial as contribuições de Adorno e Horkheimer e o viés crítico do pensamento social desses autores. Considerando que sociedade é uma categoria central na tradição do pensamento sociológico, buscaremos estabelecer os elementos problemáticos que constituem essa categoria, principalmente em seus aspectos positivistas.

A consulta aos dicionários sobre o significado do termo *sociedade* indica um sentido genérico e mais amplo: qualquer conjunto de pessoas que vivem organizadas em instituições com suas leis e regras de convívio, compartilhando crenças, valores e culturas.

Uma definição tão geral e abstrata pode esconder significados mais peculiares sobre os indivíduos e suas relações sociais, permanecendo superficial se desconsiderar os aspectos históricos, políticos, culturais e econômicos que abrangem um conceito tão complexo e plural quanto o de sociedade. Seria como dizer que as sociedades antigas diferem daquelas existentes no período medieval, ou que ambas são diferentes das sociedades contemporâneas. Mesmo descrições detalhadas dessas sociedades podem não revelar as causas mais profundas de suas dinâmicas e contradições.

Refletindo sobre os diversos sentidos em que o conceito pode ser pensado Adorno destaca alguns elementos:

> No seu mais importante sentido entendemos por sociedade uma espécie de contextura formada entre todos os homens e na qual uns dependem dos outros, sem exceção, na qual o todo só pode subsistir em virtude da unidade das funções assumidas pelos coparticipantes, a cada um dos quais se atribui, em princípio, uma tarefa funcional; e onde todos os indivíduos, por seu turno estão condicionados, em grande parte pela sua participação no contexto geral. (Adorno; Horkheimer, 1956, p. 25)

O conceito apresentado aponta para aspectos funcionais da sociedade, indicando que uma das funções da sociologia é compreender o indivíduo em sua relação com o todo social no qual está inserido. O entendimento funcional da sociedade não é resultado do desenvolvimento pleno dela, alcançado no contexto do capitalismo atual, mas já se fazia presente na Antiguidade.

Historicamente, entre os gregos, pode-se destacar o pensamento social de Platão como um dos primeiros a fornecer a base conceitual para a proposição funcionalista da sociedade. A utopia platônica descrita em *A república*, de uma cidade organizada com base em classes determinadas e em uma ontologia política e social, constitui seu ideal de uma pólis – cidade-Estado grega, como Atenas –, bem organizada, tendo no ápice da pirâmide social a figura do rei filósofo. Trata-se de uma sociedade autônoma, vinculada à ideia central de que seu bom funcionamento depende da virtude de seus cidadãos.

No entanto, se a ideia de sociedade autônoma ganha força e acabamento na Atenas de Platão, no curso da história, durante a Idade Média, o sentido de cidade independente receberá uma nova formatação, perdendo totalmente sua esfera de autonomia vinculada às formas leigas de organização social e política, uma vez que prevalecerá forte a influência da Igreja sobre a organização social e política.

Adorno chama atenção para o fato de que a concepção funcionalista de sociedade, presente em Platão, será em boa medida chancelada pela sociologia de orientação positivista, ao legitimar esse modelo descrevendo-o em detalhes. É estabelecida a seguinte relação: "num exame das suas instituições coisificadas [...] a cortina da mistificação societária é tão antiga quanto a própria Filosofia política" (Adorno; Horkheimer, 1956, p. 26).

O modelo platônico de sociedade orienta-se para um sentido teleológico – os fins da sociedade – no qual a comunidade, para subsistir, precisa se organizar com base na divisão social do trabalho segundo as classes que ele identifica. A sobrevivência da cidade e o bem-estar da comunidade só podem ser mantidos mediante a conformação de cada um a sua função na comunidade. Quem determina essas funções é o Estado, que, por meio da educação e observação dos jovens, identifica suas inclinações, conforme o que Platão prevê na obra *A república*. Ou seja, existe a classe dos guerreiros, que deveriam defender e proteger a cidade, a classe dos produtores, responsáveis por prover a cidade em diferentes aspectos, e a classe dos governantes, incumbidos de administrar a cidade e aplicar a justiça.

Nessa perspectiva, evidencia-se uma "socialização concebida na base da divisão social do trabalho como meio para satisfazer as necessidades materiais da comunidade" (Adorno; Horkheimer, 1956, p. 27). Não deixa de ter um caráter autoritário essa proposição, por se tratar de um direcionamento heterogêneo, no qual o indivíduo se vê obrigado pela força e pressão social a se adequar ao que lhe exigido pelo coletivo ou pelos que têm o poder de decidir a quem cabe fazer o que dentro da organização social. Obviamente, as intenções de Platão são as melhores possíveis, acreditando que assim seria possível alcançar um ideal de vida social justa e equilibrada, uma cidade próspera e pacífica, onde cada qual faz aquilo que parece ter nascido para fazer, procurando dessa forma o bem de todos. Não é de estranhar que de Platão até Maquiavel todo pensamento social de orientação filosófica se caracterize por um dever ser social e político.

A sociedade, com suas leis e costumes, em última instância deriva da Ideia, tomada em Platão em seu sentido ontológico, oferecendo, dessa forma, uma base metafísica para a organização política e social do Estado. Este é seu argumento, nisso consiste sua dialética idealista que propõe uma socialização conformista e obediente como síntese necessária entre o particular e o universal, entre o indivíduo e a sociedade. Trata-se de uma conformação que, para garantir o bem-estar da cidade, coloca os indivíduos em função dela.

No seio de uma Atenas cheia de contrastes e conflitos, em meio à presença de escravos cada vez mais descontentes, surgem pensadores dissidentes, como os sofistas, que defendiam a ideia do "homem como medida de todas as coisas" (Protágoras), bem como a relatividade das normas e dos valores sociais. Os sofistas, embora não fossem considerados filósofos por Platão em razão de cobrarem por seus ensinamentos, tiveram o mérito de introduzir na agenda da vida social questões importantes, envolvendo a cultura, a ética e a política. Situaram a práxis social na agenda da filosofia. Diante do fim das cidades-Estado, com o advento do império de Alexandre e da crise da noção de pertença a um coletivo como referência de vida individual e política, os sofistas opõem ao ideal do *nomos* – lei à qual a vida de cada indivíduo estava conformada – o ideal cosmopolita, em que a figura do cidadão do mundo tem agora como parâmetros de vida a liberdade e a igualdade.

O reflexo dessa dialética coloca a figura do Império Macedônico de Alexandre em total oposição aos critérios do Estado. Dessa tensão resulta que este último se consolida como horizonte de um Estado universal, atuando agora sob uma nova ótica: a de um cosmopolitismo coletivo e não mais individual. Novamente o individual capitula diante do coletivo. A comunidade universal foi levada a efeito não pelos macedônicos, mas pelos romanos. Quando o cristianismo se torna hegemônico, os ideais de uma comunidade universal assumem os contornos de um império espiritual. Não somente a sociedade, mas a humanidade como um todo passam a ser tuteladas pela Igreja, representante de Deus na Terra, tendo no alto clero a referência de classe dirigente. O que se vê durante toda a Idade Média é o surgimento de uma teocracia justificadora e legitimadora do existente. É nesse período que surge a expressão *entre a cruz e a espada* para designar a condição miserável dos camponeses que ousavam insurgir-se contra a opressão do clero e da nobreza.

Observa-se que o ideal de uma comunidade livre e igualitária, mesmo que no campo do discurso, estava presente no projeto de helenização do mundo. A visão cosmopolita foi subsumida e ajustada aos interesses do império, antes romano, posteriormente cristão. O ideal de liberdade e igualdade do indivíduo foi realizado pela interação utilitária na figura do Estado, antes leigo, depois clerical (Adorno; Horkheimer, 1956).

O tensionamento entre o individual e o coletivo, que sempre esteve presente na sociedade desde que os homens passaram à vida sedentária, revela na história antiga e medieval o sentido de que a "*humanitas* [humanidade] realiza a identidade da espécie, se revela claramente a íntima compenetração entre sociedade e domínio" (Adorno; Horkheimer, 1956, p. 29).

O ideal da sociedade que fora assimilado pela estrutura imperial só ressurgirá na crise do mundo feudal, com a burguesia assumindo posição de vanguarda diante dos interesses do Estado absoluto. A burguesia representará nesse contexto a mudança, e todo o "progresso" ulterior terá a marca histórica de seus interesses e da razão fria do capitalista.

Paralelamente às mudanças sociais e culturais ocasionadas pelo Renascimento, delineia-se a figura do indivíduo, e o Estado passa a ser visto em sua razão de ser funcional, a fim de que a "paz" social e a segurança jurídica sejam garantidas. Essa tendência encontra em Thomas Hobbes e, posteriormente, em John Locke uma enorme ressonância – em Hobbes, com a primazia do Estado sobre o indivíduo; em Locke, com o seu contrário.

Em sua doutrina política e social, Hobbes observará que a sociedade surge de uma necessidade dos homens de organizar a vida de modo racional, a fim de garantir os meios e as condições para sua preservação. "Assim, entrou em jogo um novo argumento, a que a sociedade burguesa se ateria firmemente daí em diante: a doutrina segundo a qual a sociedade se baseia na propriedade privada, cabendo ao Estado a obrigação de assumir a tutela dessa propriedade" (Adorno; Horkheimer, 1956, p. 31).

Completa-se a lógica da sociedade burguesa, solapando-se os resquícios da nobreza por meio da qual o poder se assentava na terra e na renda não produtiva.

Do primeiro contrato entre os homens para assegurar o direito natural à vida surge um segundo contrato, agora positivado na lei e personificado no Estado, ao qual todos os indivíduos devem aceitar se submeter. Tal submissão se justifica em Hobbes como única possibilidade de garantir a sobrevivência da sociedade, visto que, para esse autor, os homens são maus e egoístas e só por força da lei e do medo da punição são capazes de respeitar a lei e a ordem.

Sem a figura de um Estado forte – *O Leviatã* – para submeter os homens, facilmente a sociedade pode degenerar em toda sorte de conflitos sanguinários, pois a condição do homem em estado natural – isto é, sem o auxílio da lei – é de guerra de todos contra todos. "Assim o poder do mais forte, no estado natural, converte-se em poder de domínio, no estado legal" (Adorno; Horkheimer, 1956, p. 45).

A discussão prossegue em Locke e Jean-Jacques Rousseau, e os três, cada um a seu modo e conforme seus interesses e ideologia, tentarão equacionar os limites entre indivíduo e sociedade, direito e força, liberdade e segurança.

Mesmo todo o edifício conceitual da sociologia posterior a Durkheim, Max Weber e Vilfredo Pareto não conseguiu explicar a contento os elementos naturais e institucionais que são inseparáveis da complexa e tensa realidade que é a sociedade, pois é no próprio tecido da sociedade que as relações humanas são objetivadas e institucionalizadas, por assim dizer.

> *Inversamente, as instituições não são em si mesmas senão epifenômenos do trabalho vivo dos homens. A Sociologia a partir do instante em que não se limita a descrever e examinar as instituições e os processos sociais, mas trata, além disso, de confrontá-los com esse substrato, a vida daqueles a quem essas instituições estão sobrepostas e das quais elas próprias se compõem, nas mais diversas formas. Quando o pensamento sobre o caráter e a natureza da sociedade perde de vista a tensão entre as instituições e a vida, e procura resolver o social no natural, não orienta um impulso de libertação no que diz respeito à pressão das instituições [...], pelo contrário [...].* (Adorno; Horkheimer, 1956, p. 32)

As tentativas de legitimar o social no natural, tomando-se a análise da sociedade de modo abstrato, no sentido de compreendê-la como extensão e consequência de uma pretensa natureza humana social e política como entendia Aristóteles, *Homo zoon politikon*, têm resultado historicamente em algo falso e ideológico. Desse modo, a real busca da verdade sobre o homem e suas construções, na verdade, parece esconder os interesses daqueles que operam tais discursos e controlam as práticas sociais institucionalizadas, que, por via de regra, tendem a reforçar os interesses das classes e dos grupos dominantes.

Contemporaneamente, um exemplo desse ideologismo é o "mito racista" do nacional-socialismo, o que culminou no totalitarismo nazista da Segunda Guerra Mundial, que, além dos milhares de mortos em batalha, promoveu o extermínio de milhões de judeus, com consequências nefastas para toda a sociedade humana.

Outro teórico que reforça o caráter superior da sociedade em relação ao indivíduo é Herbert Spencer. Suas ideias seguem na direção de que somente pela organização e colaboração dos indivíduos entre si é possível melhorar a vida social. Essa é uma condição que torna possíveis a produção de riquezas e o progresso material dos indivíduos. Por outro lado, se fosse atribuído um papel preponderante à atividade individual, em que cada um tivesse de prover todo o necessário para sua subsistência, o progresso material da sociedade como esforço coletivo seria impossível.

Cabe ressaltar que, embora a diferenciação das tarefas e a integração social por meio do trabalho tenham possibilitado a criação de riqueza, historicamente ela não tem sido distribuída de modo igualitário. Se, por um lado, a divisão social do trabalho por meio da produção diferenciada e pela integração social dos sujeitos propicia o progresso material de modo exponencial, por outro, os homens que geram essa riqueza por meio do trabalho não participam de sua distribuição equânime.

O aspecto ativo da produção e do trabalho humano foi chamado de *dinâmica social*, e o aspecto da ordem estabelecida das condições objetivas da produção Spencer chamou de *estática social*. Essa conveniente dualidade acompanharia todo o percurso da sociologia positivista. No entanto, os homens, alienados do contexto em que são oprimidos, são submetidos ao domínio de uns sobre os outros. A propriedade privada como fundamento da vida social leva a um inevitável confronto entre trabalho social e propriedade dos meios de produção, controlados pela burguesia. Este será o mote da crítica dialética de Marx: a sociedade capitalista.

Em contraposição ao Hegel sistemático que vê de modo romântico o processo de amadurecimento da sociedade por meio de um Estado liberal burguês, insistindo no caráter formativo do trabalho, Marx demonstra, de modo contundente, em *O capital: crítica da economia política*, que os homens se constituem em seres históricos. Assim, como tais, considerando-se o contexto da produção capitalista, a ideia de formação fica comprometida, visto que o trabalho nas relações de produção capitalista torna-se alienado. O trabalhador não se reconhece no que produz e ainda tem o fruto de seu trabalho expropriado. A ideia de formação pelo trabalho em seu viés capitalista é por demais forçosa e inapropriada. Insistir nesse aspecto revela o desejo de sujeição total dos homens pelo trabalho, o que historicamente tem produzido implicações perversas, pois no capitalismo

a construção do gênero humano, por intermédio do trabalho, se dá pela sua destruição, sua emancipação se efetiva pela sua degradação, sua liberdade ocorre pela sua escravidão, a produção de sua vida se realiza pela produção de sua morte.[*] *Na forma social*

---

* Por outro lado, supõe-se, em suma, que a produção de sua morte possibilita a produção de sua vida.

*do capital, a construção do ser humano social, por meio do trabalho se processa pela sua **niilização**, a afirmação de sua condição de sujeito se realiza pela negação desta condição, sua subjetivação ou **omnização** se produz pela produção de sua reificação.* (Tumolo, 2000, p. 17, grifo do original)

A perspectiva positivista da sociologia, principalmente em Auguste Comte, Herbert Spencer e Émile Durkheim, na visão de Adorno parece dar pouca importância para as contradições engendradas pela própria sociedade capitalista. Na visão positivista, o foco volta-se para a classificação da realidade com base em esquemas interpretativos já estabelecidos, sem o aprofundamento das causas históricas de suas contradições. O discurso positivista hipostatiza categorias abstratas como estática e dinâmica social, querendo fazer com que a totalidade do social em sua pluralidade e heterogeneidade passe por esse filtro, forçando a adequação do real ao plano do conceitual abstrato.

A influência positivista foi marcante em toda a modernidade e ainda hoje se faz presente. Sua influência se estendeu às mais diversas áreas, desde a arte até a política. O discurso cientificista que subjaz ao positivismo busca estabelecer a técnica como corolário de sua lógica. Não foi sem propósito que Marx advertiu: "As ideias da classe dominante são, em todas as épocas, as ideias dominantes, ou seja, a classe que é o poder material dominante da sociedade é, ao mesmo tempo, o seu poder espiritual dominante". (Marx; Engels, 2017).

Apesar de todo o avanço técnico e científico que marcou o curso do processo burguês do mundo, permaneceram evidentes os problemas e as contradições geradas por esse modelo de civilização. O próprio Comte, prevendo o aumento de problemas de ordem social e econômica, defender a subordinação do progresso à ordem, de modo que trabalho seja capaz de produzir disciplina e exercer controle sobre os trabalhadores, o que Marx denunciava como "escravidão do trabalho ao salário". Tal estratégia agiria de modo a frear os conflitos existentes na sociedade humana, pois a "história das sociedades tem sido a história da luta de classes" (Marx, citado por Adorno; Horkheimer, 1956, p. 42).

Na tentativa de compreender criticamente a sociedade, é preciso levar em conta que ela não se reduz a uma interpretação abstrata, seja de caráter imanente, como a que se produziu no positivismo, seja de caráter transcendente, como na utopia autoritária de Platão. O conceito não esgota a realidade, não se pode falar de família, escola, Estado e religião como entidades estáticas, hipostatizadas, perdendo-se de vista o processo dialético e histórico que envolve as mudanças e os problemas da sociedade como um todo. Eis a diferença capital entre uma teoria sociológica tradicional e uma sociologia crítica. As abordagens sociológicas que tradicionalmente têm se afirmado como ciência advogam em favor da integração total dos indivíduos e da diferenciação crescente do trabalho como forma de garantir a coesão social; a continuidade da produção e da riqueza acaba por justificar o aumento da massificação.

O processo de socialização levado a efeito na economia capitalista tende a assimilar de modo impositivo as diferenças individuais, e a própria diferenciação nas atividades produtivas tende a desaparecer pela homogeneização dos processos de automação. Os avanços tecnológicos envolvendo a telemática, a robótica e o progressivo incremento informacional dos processos produtivos produzem uma socialização que "afeta o homem como pretensa exclusividade biológica, não tanto desde fora mas, sobretudo, na medida em que envolve o indivíduo em sua própria interioridade e faz dele uma mônada da totalidade social" (Adorno; Horkheimer, 1956, p. 36).

O preço pago pelos indivíduos para viverem em sociedade é a adaptação ao que lhes é exigido, sofrendo internamente os efeitos impostos pela pressão social, os efeitos dos sacrifícios impostos contra si mesmos, em uma realidade na qual se observa que

> *como as renúncias cada vez maiores impostas aos instintos não encontram uma saída equivalente nas compensações pelas quais o ego as aceita, os instintos assim reprimidos não têm outro caminho senão o da rebelião. A socialização gera o potencial de sua própria destruição, não só na esfera objetiva mas também na subjetiva.* (Freud, citado por Adorno; Horkheimer, 1956, p. 38)

Quando a sociologia com pretensão de ciência ignora esses aspectos, ela se converte em ideologia legitimadora do existente e perde sua razão de ser na qualidade de reflexão crítica sobre o social e seus processos.

4.5
Sobre o indivíduo

A sociedade é o objeto de várias ciências e, por excelência, o da sociologia. Contudo, a compreensão da sociedade estaria comprometida se não levasse em consideração dois aspectos muito importantes, a saber: a contribuição da história da economia e da psicologia e, de modo geral, a das ciências humanas, que ajudam a compreender o indivíduo, não em sentido adjacente e secundário, mas como elemento central para entender as dinâmicas sociais.

O indivíduo apresenta-se não como um produto, um corolário das relações sociais, mas em sua concretude, um nó de possibilidades sobre as quais se organiza o social. Tal perspectiva assume em Adorno um caráter dialético, pois é no tensionamento entre indivíduo e sociedade que se inscreve a compreensão desta última para além de uma visão abstrata e formal tributária da influência positivista.

Historicamente, a questão do indivíduo esteve mais ligada à psicologia e à filosofia. Nesta, desde Platão até o movimento romântico do século XVIII, a noção de indivíduo esteve calcada em concepções idealistas sobre a subjetividade humana.

É possível notar a predominância de um conceito de indivíduo tomado como algo independente do mundo, como concebia Descartes, ou como uma totalidade autodeterminada, algo fechado em si mesmo, uma mônada, na acepção de Leibniz. No contexto da modernidade, a mudança de paradigmas sociais e políticos impulsionou o liberalismo e possibilitou a apropriação do conceito de mônada para fortalecer a ideologia liberal individualista e a noção burguesa de democracia.

Em tal perspectiva, o que se evidencia é uma sociabilidade desvinculada das tensões inegáveis que permeiam a relação entre o individual e o institucional. As análises feitas com base numa concepção fragmentária da sociedade se tornam falsas e ideológicas, pois reduzem a sociedade a um conjunto de indivíduos vivendo de modo justaposto, abstraído de sua historicidade, daquilo que lhes confere identidade e os diferencia da massa.

A ideia de que a essência precede a existência é o axioma máximo de uma sociologia sem indivíduo, de uma sociologia que entende o trabalho unicamente como força produtiva e disciplinadora das massas de trabalhadores. Uma sociologia sem indivíduo é por consequência uma sociologia sem sociedade, pois o indivíduo, como demonstrou Marx, é moldado pelo mundo e, ao mesmo tempo, interage dialeticamente com ele, modificando-o, seja de modo consciente, seja de modo alienado. "Não é a consciência que determina o ser social dos homens, mas pelo contrário é o ser social que determina sua consciência" (Marx, citado por Adorno; Horkheimer, 1956, p. 47).

É preciso romper com a interpretação intimista e solipsista do indivíduo, separando-o de seu devir histórico, dialético e problemático. Para Adorno, o que se coloca em questão quando assim se procede é a possibilidade de crítica do modelo burguês de sociedade.

Se o homem, na própria base de sua existência, é para os outros, que são os seus semelhantes, e se unicamente por eles é o que é, então a sua definição última não é a de uma individualidade e unicidade primárias mas, outrossim, a de uma participação e comunicação necessárias com os outros. Mesmo antes de ser indivíduo o homem é um dos semelhantes, relaciona-se com os outros antes de se referir explicitamente ao eu; é um movimento das relações em que vive, antes de se poder chegar, finalmente, à autodeterminação. (Adorno; Horkheimer, 1956, p. 47)

O conceito de *indivíduo* teve sua expressão mais elaborada na ideia de *pessoa,* termo que primeiramente significou a máscara com a qual o artista representava um papel. A ideia de representação permaneceu, passando, na sociedade complexa, ao sentido de representação de si mesmo na vida social.

A ideia de pessoa representa o indivíduo como sujeito social em meio às diferentes situações e exigências da vida em sociedade, como papéis a serem representados. Os papéis sociais desempenhados pelo sujeito refletem a exigência de funcionalidade da própria sociedade. A figura do pai, profissional, trabalhador, marido, contribuinte e asso-ciado refere-se à pessoa sempre em relação ao todo social. Trata-se de um indivíduo que só é tomado como tal em relação às funções que desempenha. Tal representação "só se define em sua correlação vital com outras pessoas, o que constitui, precisamente, o seu caráter social. A sua vida só adquire sentido nessa correlação, em condições sociais específicas; e só em relação ao contexto é que a máscara social do per-sonagem também é um indivíduo" (Adorno; Horkheimer, 1956, p. 48).

O conceito de *pessoa*, que serviu de base para o de *cidadão*, deu ao indivíduo certo *status* de reconhecimento, mesmo que esse reconhecimento fique restrito ao seu sentido funcional. A difícil tarefa de compreender a dinâmica que envolve a relação entre indivíduo, natureza e sociedade sempre esteve presente na agenda do conhecimento das ciências sociais.

Historicamente, desde as sociedades mais antigas, essa questão foi pretensamente resolvida com o entendimento da natureza humana como orientada para a vida em sociedade. O homem seria então um ser naturalmente sociável, tendo no grupo sua razão de ser. Para Platão e Aristóteles, o ser natural só se realiza plenamente no ser social, na vida na cidade (pólis), de modo que o indivíduo só encontra o sentido e o significado de sua existência na vida em comunidade, "pois só na sociedade ele é capaz de desenvolver toda a sua potencialidade natural" (Adorno; Horkheimer, 1985, p. 48).

Na tradição do pensamento filosófico desde Kant, Schlegel e Nietzsche, o indivíduo aparece gozando de lugar privilegiado em relação à sociedade. Cada um desses pensadores, a seu modo, trata da questão, mas, afirmando o primado do individual. Quando, no entanto, a sociologia afirma o contrário, tomando a sociedade e não o indivíduo como esteio da civilização, "não seguiu um impulso progressista, pelo contrário, situa-se na corrente das tendências restauradoras que acompanharam a Revolução Francesa" (Adorno; Horkheimer, 1956, p. 51).

Toda crítica de Comte em relação à metafísica, entendida como mero estágio transitório a ser superado, é a crítica contra o sujeito individual que se insurge contra o positivo da ordem social estabelecida. Ao defender um indivíduo orientado para os objetivos do social e do coletivo, ele fica reduzido a "mero exemplar do gênero e atribuindo-lhe, portanto, uma importância subalterna" (Adorno; Horkheimer, 1956, p. 51).

A influência da sociologia positivista, ao tornar o indivíduo como mera categoria, adendo da sociedade, vai bem além de uma discussão puramente acadêmica – representa um axioma com grandes consequências. A principal delas é retratar o aspecto histórico como elemento constituído do humano e do social e, dessa forma, legitimar a dominação e a opressão como consequências do amadurecimento da própria sociedade, em seu progresso na superação das próprias contradições, o que qualifica como inelutáveis as tragédias humanas, historicamente produzidas, como as guerras.

O homem não é um ser dado; assim, naturalmente sua sociabilidade não surge por consequência de sua biologia individual. Trata-se, na verdade, de um ser dinâmico constituído na tensão social e histórica, por meio das relações que estabelece com seus semelhantes e com o contexto no qual vive. Mesmo diante dessas considerações a favor do indivíduo, o processo de individuação precisa ser algo constituído com o esforço pessoal, pois "só é indivíduo aquele que se diferencia a si mesmo dos interesses e pontos de vista dos outros, faz substância de si mesmo, estabelece como norma a autopreservação e o desenvolvimento próprio" (Adorno; Horkheimer, 1956, p. 52).

Quando o processo de individuação não se dá por relações autônomas, mas de modo heterogêneo pela mediação condicionada pelas instituições econômicas, pela propaganda e ainda pelo mercado, o que se tem é o oposto da individuação, na medida em que "quanto mais o indivíduo é reforçado mais cresce a força da sociedade graças à relação de troca em que o indivíduo se forma" (Adorno; Horkheimer, 1956, p. 53).

O direcionamento positivista toma a sociedade como anterior ao indivíduo e por isso como mais importante que ele, em um contexto no qual "a sociedade passa a exercer uma tremenda pressão sobre o indivíduo e as reações individuais são contidas em limites muito reduzidos, sendo as considerações sociológicas frequentemente preteridas pelas de ordem psicológica. Quanto menos são os indivíduos, tanto maior é o individualismo" (Adorno; Horkheimer, 1956, p. 53).

Depreende-se dessa ideia a predominância das análises psicológicas dos fenômenos sociais, o que, em parte, favorece uma compreensão reduzida tanto do indivíduo quanto da sociedade.

A sociologia crítica compreende a sociedade de um modo integrado e complexo e a vê marcada por contradições, pontuando os elementos de uma individuação burguesa em curso e as consequências desse processo, como o enorme passivo ambiental, social e cultural que atinge progressivamente indivíduos, grupos e instituições.

Leitura complementar

A indústria cultural e suas configurações na atualidade

A ação das novas tecnologias de mídia e informação exerce um papel mistificador, apresentando fatos e acontecimentos sociais, isolados de seu contexto histórico e cultural, e abstraindo-os de seus significados existenciais. Agindo assim, mistificam a origem e a causa dos problemas e situações que apresentam. Nisto está presente o caráter ideológico de sua atuação (Garcia, 1986).

Nos processos de legitimação ideológica é fundamental que a indústria cultural seja utilizada com eficiência, no sentido de convencer as pessoas através de diversas maneiras e técnicas, como programas de entretenimento, jornais e filmes contendo mensagens subliminares. Sobre esta última técnica, existe um estudo realizado por Wilson Bryan Key, intitulado a *Era da Manipulação*, que aborda em profundidade como as agências de notícias e empresas de marketing fazem uso das mensagens subliminares para manipularem as pessoas em nível inconsciente, criando nelas certas predisposições para comprarem esta ou aquela marca, este ou aquele produto, criando novas necessidades, fazendo com que a demanda, e não a procura direcione o consumo.

Com ressalvas, precisamos concordar com Marx (1984), quando diz que as ideias dominantes de uma época tendem a ser as ideias das classes dominantes, ao desenvolverem um arcabouço de representações, valores e instituições que têm a função de determinar o que é relevante e verdadeiro numa dada situação histórica. Em concordância, para Chaui, via de regra, a classe que detém o poder econômico de uma sociedade, detém também o poder superestrutural, isto é, controla as instituições jurídicas, políticas e formativas (Chaui, 1987).

De acordo com Guareschi (2001, p. 20-21), é preciso compreender que no contexto de embate de forças presente nos jogos de poder, que envolvem as relações entre as classes dominantes e os demais atores sociais:

> *o modus operandi do processo ideológico consiste em fazer com que as verdadeiras origens da ordem social existente desapareçam de vista, de tal modo que as pessoas sejam capazes de viver nesta ordem natural. A ideologia encobre e disfarça os sinais que poderiam fazer alguém desconfiar de que todas as instituições são instrumentos da coerção. Ela tenta aliviar a sociedade burguesa dessa contradição, que, se for mediada, corre o risco de revelar a incoerência dessa mesma sociedade, destruindo sua unidade [...] sem a ajuda dos meios de comunicação, esse jogo não poderia ser feito. Em uma sociedade capitalista, os meios de comunicação de massa tornaram-se os instrumentos de mistificação e de legitimação da dominação capitalista.* (Guareschi, 2001, p. 20-21)

A questão ideológica é central para se pontuar as ações do "príncipe eletrônico" [termo utilizado pelo sociólogo Octavio Ianni para se referir à influência dos grandes veículos de mídia na sociedade contemporânea], e de como, através de seus recursos e técnicas, ele vai plasmando a realidade social e perpetuando formas de dominação cada vez mais abrangentes e sofisticadas, pois atua tanto em nível objetivo, fatos e acontecimentos, como subjetivo, construindo significados, mobilizando sentimentos. Sua grande vantagem é poder atuar também em nível virtual, por meios que envolvem fotografia, imagens,produções artísticas, entretenimento, documentários temáticos ou interativos, envolvendo cores, sons e formas; diferentes enfoques: impactantes, espetaculares, panorâmicos ou diluídos, usando-se ainda dessas e outras linguagens narrativas, que lhe permitem um grande domínio na edição da realidade que é tratada, decantada e esvaziada de seus conteúdos históricos, culturais, políticos, econômicos e existenciais pelas novas tecnologias de mídia, de maneira a possibilitar a criação e recriação de novos modelos e representações: registrando, divulgando, enfatizando, relembrando, esquecendo ou satanizando. Nas diferentes situações, as técnicas e estratégias empregadas para a formatação do real, estão presentes interesses que buscam garantir a manutenção da ordem estabelecida, e que por isso mesmo atestam a função ideológica do príncipe eletrônico. Portanto, segundo Ianni (2000, p. 164),

O príncipe eletrônico pode ser visto como "intelectual orgânico" dos grupos, classes ou blocos de poder dominantes, em escala nacional e mundial. Em alguma medida, esses grupos, classes ou blocos de poder dispõem de influência mais ou menos decisiva nos meios de comunicação, informação e propaganda, isso é, na mídia eletrônica e impressa, sempre funcionando também como indústria cultural [. . .]. Em larga medida, a fábrica de hegemonia e da soberania que teriam sido prerrogativas do príncipe de Maquiavel e do moderno príncipe de Gramsci. Agora é o príncipe eletrônico que detém a faculdade de trabalhar a virtú e a fortuna, a hegemonia e a soberania; ou o problema e a solução, a crise e a salvação, o exorcismo e a sublimação. Assim se instaura a imensa "ágora eletrônica", na qual muitos navegam, naufragam ou flutuam, buscando salvar-se.

A partir do conjunto de situações e contextos que foram pontuados como eixo de ação das novas tecnologias de mídia e informação, compreende-se que as novas conjunturas mundiais vão sendo modeladas pelos centros de poder que, em dimensões nacionais e mundiais, vão alinhavando suas políticas e suas estruturas de poder de forma a garantirem, no presente e no futuro, a hegemonia das classes dominantes.

Fonte: Nauroski, 2016, p. 81-82.

Síntese

Neste capítulo, buscamos apresentar alguns temas que integram a perspectiva da sociologia crítica nas contribuições de Theodor Adorno e Max Horkheimer, entre eles o papel da mídia e seus efeitos na sociedade e a forma como a indústria cultural, ao se tornar quase hegemônica em sua lógica comercial, colonizou muitas esferas da vida social. Mesmo os bens culturais que outrora tinham um potencial crítico e emancipador foram rebaixados aos *status* de mercadorias a serem consumidas, subvertendo o valor de uso pelo valor de troca.

Também examinamos os efeitos mais profundos da indústria cultural, que, segundo Adorno, produzem uma experiência semiformativa. Isso significa dizer que os indivíduos vivenciam a cultura e a educação como uma experiência de adaptação diante do mundo, o que leva à naturalização das relações sociais, sob a égide do capitalismo.

Na sequência do texto, analisamos os elementos de uma sociologia crítica, ao examinar os limites e contradições do positivismo. Destacamos também que a noção crítica de sociedade representa uma realidade tensionada com base em seus vínculos totais. Tratamos ainda da relação entre indivíduo e sociedade, que se mostra contraditória e cuja abordagem crítica revela os limites da visão positivista na tradição sociológica.

Indicações culturais

Livro

ADORNO, T.; HORKHEIMER, M. **Dialética do esclarecimento**: fragmentos filosóficos. Rio de Janeiro: Zahar, 1985.

Nessa obra, considerada um clássico da história da filosofia contemporânea, os autores investigam as origens da razão moderna, mostrando que se trata de uma forma de esclarecimento mistificado, cego em relação ao seu potencial destruidor. A razão moderna é, acima de tudo, uma razão técnica e instrumental, que, em seu curso de desenvolvimento, destituída de uma base humana e emancipadora, conduziu as sociedades ocidentais a formas grotescas de organizações totalitárias.

Filmes

OLGA. Direção: Jayme Monjardim. Brasil, 2004. 141 min.

O filme conta a trajetória da revolucionária Olga Benário Prestes. Presa durante a ditadura Vargas, acaba sendo deportada para a Alemanha mesmo grávida de 7 meses. Depois de dar à luz sua filha, Olga é enviada a um campo de concentração nazista, onde acaba sendo executada na câmara de gás. O filme ilustra o aspecto sombrio da ideologia nazista, que, valendo-se de "argumentos científicos", busca justificar racionalmente o extermínio de milhões de seres humanos.

O PIANISTA. Direção: Roman Polanski. Alemanha/França/ Polônia/Reino Unido, 2002. 150 min.

Após a invasão da Polônia pelos nazistas em 1939, o pianista Szpilman escapa de ir preso e passa a se esconder em casas e prédios abandonados. Ao longo da história, em meio às adversidades que enfrenta, Szpilman refugia-se em sua arte. Diante das atrocidades que testemunha, encontra alento na solidariedade entre não judeus que lhe dão guarida.

Atividades de autoavaliação

1. Em sua obra *Dialética do esclarecimento*, Adorno e Horkheimer têm como objetivo:

    a) analisar a cultura antiga e as diferentes formas de mitologia no Ocidente.

    b) descobrir a origem do Estado nacional alemão.

    c) investigar as diferentes formas de ideologia presentes na cultura popular e no folclore.

    d) analisar a origem da racionalidade moderna como uma forma de razão técnica e instrumental.

2. Segundo o conceito de indústria cultural, a função dos meios de comunicação de massa, como rádio, TV, jornais e cinema, consiste em:

    a) promover a educação das massas e elevar seu senso moral.

    b) realizar uma mistificação da realidade de modo a promover a ideologia burguesa.

    c) mostrar o valor da cultura burguesa e seu potencial revolucionário.

    d) estabelecer os parâmetros estéticos necessários para que as pessoas possam avaliar corretamente as produções culturais.

3. Quanto à teoria da semiformação, é correto afirmar:

    a) A formação humana é fruto de um processo de socialização que acontece exclusivamente na escola.

    b) A semiformação é uma forma de educação rebaixada que conduz o indivíduo a adaptar-se à vida social.

    c) A semiformação é a condição para a emancipação dos indivíduos, um degrau rumo ao esclarecimento.

    d) A semiformação só acontece na educação informal; nas escolas e instituições de ensino, a formação é plena e crítica.

4. Considerando-se a sociologia crítica de Adorno, é correto afirmar:

   a) A sociedade é vista como uma realidade fragmentada, resultado das diferentes partes e grupos que a compõem.

   b) A sociedade é concebida como uma totalidade com vínculos e relações dialéticas que explicam seus conflitos e contradições.

   c) A sociedade representa um todo orgânico social em evolução funcional.

   d) O social é o mental, e o mental é o social.

5. Considerando-se a realidade social mediada pelas ações e inter-ferências dos meios de comunicação de massa, segundo Octavio Ianni, essas intervenções assumem cada vez mais os contornos de uma realidade singular, que ele definiu como:

   a) *mass media.*

   b) príncipe eletrônico.

   c) globalização.

   d) observatório da imprensa.

Atividades de aprendizagem

Questões para reflexão

1. Com base no conteúdo abordado neste capítulo, explique o que é e como funciona a indústria cultural.

2. A concepção de sociologia de Theodor Adorno apresenta um viés crítico. Conforme essa perspectiva, o que significa afirmar que a sociedade é uma totalidade?

3. Com relação à discussão realizada sobre semiformação, explique o que seria um sujeito semiformado.

4. Com base em seus estudos e leituras, apresente uma reflexão sobre como deveria ser uma educação voltada à emancipação.

Atividade aplicada: prática

1. Analise criticamente o papel da mídia contemporânea e sua influência na cultura do consumo em geral.

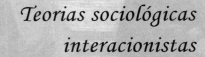

5

Teorias sociológicas interacionistas

O ar inculto, os modos canhestros e confusos que os negros dos estados sulistas se veem, às vezes, obrigados a adotar, em uma interação com os brancos, mostram como uma representação pode exaltar valores ideais que conferem ao ator uma posição inferior àquela com o qual ele se identifica secretamente [...].
(Goffman, citado por Nizet; Rigaux, 2016, p. 32)

Ao tratarmos de algumas teorias que integram a perspectiva interacionista, objetivamos mostrar a relevante contribuição de autores como Alfred Schutz, para quem a sociedade pode ser analisada sob uma visão fenomenológica, com atenção aos efeitos sociais das percepções elaboradas pelos indivíduos com base em suas relações intersubjetivas. Com George Herbert Mead, intencionamos evidenciar como a psicologia social dispõe de elementos fecundos para explicar a gênese social da mente e das personalidades, temas que auxiliam em uma compreensão interdisciplinar da relação entre indivíduo e sociedade. Ainda neste capítulo, destacamos a contribuição de Goffman, ao demonstrar que o estigma muitas vezes resulta do distanciamento entre a vida privada e os diferentes papéis sociais que as pessoas precisam representar. Por fim, enfocamos a discussão realizada por Judith Butler sobre os efeitos, muitas vezes nocivos, dos padrões sociais de gênero construídos sobre bases heteronormativas.

5.1

A sociologia fenomenológica de Alfred Schutz

Em uma primeira avaliação, quando se lê o título desta seção, pode parecer estranha a associação entre dois campos de saber que parecem distintos. Essa talvez seja a impressão de alguém que se depara pela primeira vez com a combinação entre sociologia e fenomenologia. No entanto, como mostraremos adiante, não só é possível relacionar as duas áreas, como também, para Schutz, foi possível propor uma nova abordagem sociológica com base em ambas.

Alfred Schutz nasceu em 1899, em Viena, Áustria, e morreu em 1959, em Nova York, Estados Unidos. Ao longo de seus 60 anos de idade, Schutz teve um percurso curioso em sua formação e atuação profissional. Ainda jovem recém-formado, foi enviado para lutar na Primeira Guerra Mundial. Após seu retorno, com poucas opções de trabalho, acabou se tornando analista e consultor em uma empresa de advogados. Destacou-se pela qualidade de suas análises em relação à conjuntura política e econômica de sua época.

De volta a Viena, fez parte de círculos de estudos que tiveram como organizador Friedrich Von Hayek (1899-1992), posteriormente considerado um dos pais da doutrina neoliberal. Foi nesse período que Schutz começou a desenhar sua teoria social fenomenológica. As leituras de autores como Henri Bergson (1859-1941), Max Weber (1864-1920) e Edmund Husserl (1859-1938) foram consolidando uma nova abordagem do mundo social.

O foco da nova perspectiva que ganhava forma na teoria de Schutz era compreender a constituição da intersubjetividade – compreender como ocorre a dinâmica da relação entre os indivíduos, mediada pelo mundo social que os cerca. A experiência dos indivíduos no mundo, suas ações, suas relações uns com os outros e os processos de compreensão que elaboram sobre si mesmos e sobre suas próprias experiências passaram a ser vistos agora pelo viés fenomenológico, tomando-se o tempo e o espaço como categorias constitutivas das ações humanas. O modo como cada indivíduo entende e interpreta o tempo e o espaço é determinante em sua vida e em suas ações. Assim, a experiência individual e sua correspondência social produzem as ações e relações sociais. Schutz revela um componente subjetivo da ação por um viés pouco aprofundado nas abordagens sociológicas, que, até então, tinham mais interesse no mundo objetivo das instituições e na concretização das ações.

A busca por uma explicação diferenciada da realidade social levou Schultz a procurar o que seria

> uma *fenomenologia da atitude natural*, ou, num plano mais aberto, uma **ontologia do mundo da vida**. Tal empreitada não seria possível sem uma necessária superação do paradigma da percepção, qual seja, a lógica solipsista cartesiana – e, num plano mais aberto, a ontologia metafísica ocidental, centrada sobre o primado de uma dicotomização da realidade em polos opostos, o ser transcendente e o existir imanente, com a consequente supervalorização de um desses polos, como se sabe, a dimensão transcendental. O referido paradigma da percepção decorre da operação pela qual se tem que sujeito e experiência são dimensões opostas no jogo dos sentidos. Por meio dele, pretende-se que a consciência é um ato exclusivo do sujeito, que, simplesmente, **percebe** o mundo. Mesmo a fenomenologia husserliana, segundo Schutz, não teria conseguido superar esse solipsismo transcendental, condição para a análise de toda interação social. Em última instância, a proposição colocada por Schutz é de que experiência e ação são atos correlatos que não resultam de uma mente produtora de sentidos, mas da conexão entre diversas mentes, em interação no processo social. De onde a necessidade em falar em intersubjetividade, e não mais em subjetividade ou, ao menos, em compreender a subjetividade como um ato intersubjetivo.
>
> (Castro, 2012, p. 54, grifo do original)

Sua perspectiva integrativa do social e do individual rompe com a tradicional dicotomia indivíduo – sociedade e recoloca o social como uma realidade síntese, em que o eu que age o faz já como atitude projetiva de um eu já internalizado. Nessa leitura, Schutz acredita ser possível captar a experiência social em sua totalidade. Ao fundir Weber e Husserl, ou seja, ao operar sua síntese entre a sociologia compreensiva e a fenomenologia, Schutz entende ser possível captar o movimento intersubjetivo como realidade social, indo além da visão cartesiana, que considera o eu, a consciência, como independente e separada do mundo, e da visão de Durkheim, que analisa a sociedade como realidade independente e separada dos indivíduos.

A vida social cotidiana das pessoas é constituída como um agir que toma a realidade como um fenômeno, como aquilo que aparece a elas, sem colocar em dúvida se de fato o mundo é o que realmente parece ser. Essa atitude natural da vida social cotidiana é, para Schutz, o substrato do mundo intersubjetivo a revelar o individual no social e o social no individual. Portanto, é uma síntese manifesta na ação. Schutz chama de **atitude natural** essa ação no mundo.

O mundo social é, em certa medida, uma síntese em construção da relação intersubjetiva, uma construção carregada de sentido e de significados, reflexo e resultado das diferentes formas de ação. O mundo social revela que a intersubjetividade, ou seja, as relações humanas, acontece como algo natural, sem maiores problematizações ou mistérios. A existência de si e do outro aparece como certeza e não como problema. Os problemas sociais surgem, no entendimento de Schutz, como derivações das diferentes tipologias interpretativas construídas pelas pessoas. Recorrendo a Weber, ele explica que essas tipificações e interpretações podem se diferenciar, divergir e conflitar. É no mundo da vida que devem ser buscadas as respostas às relações intersubjetivas problematizadas. Sua abordagem contribui para um mergulho no mundo subjetivo e sua constituição, para daí buscar sua aproximação com o mundo do outro, que revela no social sua objetividade e diferentes possibilidades de interação mediadas pela cultura.

Trata-se de uma dinâmica social em que a vida cotidiana se afirma como referência primária para a ação dos indivíduos, vivida de forma pragmática, ou seja,

> *enquanto reflexão de um sujeito portador de uma memória-hábito sobre sua experiência no mundo. Schutz acaba por elaborar uma concepção fenomenológica da cultura. Essa concepção está baseada na compreensão de cultura como um processo de identificação: a cultura não é o simbólico de longa duração, ou a utilização das simbologias sociais como mediadoras do conhecimento do mundo que os indivíduos detêm, os saberes típicos acimentados pela prática social ou a unidade do grupo, mas o contexto de sentido no qual essas coisas se dão, sobre o qual atuam **reservas de experiência** e **estruturas de pertinência**. À diferença da compreensão culturalista da cultura – que vê a cultura como um objeto-fim em si mesmo, dominado por sua dimensão simbólica – Schutz vê a cultura como uma guinada pragmática, um ato social de contato dos indivíduos com o mundo, reconhecimento e interpretação das situações que hoje envolvem o mundo e superação dos impasses constituídos.* (Castro, 2012, p. 59, grifo do original)

Ao trazer a perspectiva fenomenológica para a análise social, Schutz inova, mostrando que existem duas dimensões complementares que formam a tessitura do mundo social. Essas dimensões são as **mediações** ou **construções primárias**, que se referem ao mundo da vida cotidiana, o qual é feito da rede de ações e relações intersubjetivas, e as **mediações secundárias**, que dizem respeito aos constructos das ciências sociais, que elaboram suas categorias analíticas com base nas mediações secundárias.

Dessa forma, a perspectiva de Schutz soa como um alerta metodológico às ciências sociais, que precisam estar atentas ao dinamismo da vida intersubjetiva e a seus reflexos na vida social, de modo a evitar que suas categorias de análise sejam cristalizadas como verdades, provocando uma reificação da realidade e uma objetificação do fenômeno humano, que em sua constituição é dinâmico, plural, diverso e fluido.

Assim, podemos afirmar que, para Schutz, a análise social deve assentar-se sobre a vida real das experiências intersubjetivas. As categorias de análise funcionam como pontes conceituais sobre o mundo real vivido pelas pessoas; não podem ser esquemas interpretativos fechados, rígidos e fixos, pois, caso contrário, falsearão a realidade engessando-a em esquemas e conceitos.

Leitura complementar

A atitude natural, mundo da vida e seus significados

É *importante entender* o lugar onde ocorre a experiência, dada sua centralidade na formação da consciência. Para Husserl, um dos principais teóricos que embasaram o pensamento de Schutz, esse lugar é o mundo da vida, ou *Lebenswelt*. Trata-se da vida cotidiana, do modo como percebemos, interpretamos e agimos no mundo em que nos encontramos. É aquilo que está dado e sobre o qual a dúvida está suspensa; o entendimento comum e adequado daquilo que nos cerca (CORREIA, 2005, p. 34).

O método proposto por Husserl, para entender os fenômenos, tem como ponto de partida as experiências do ser humano. Para ele, a consciência humana está sempre ligada a um objeto, material ou não. A construção desses objetos é intencional e se dá na síntese dos diferentes olhares lançados pelos indivíduos a eles, os quais são posteriormente relembrados de forma generalizada, **tipificada** (WAGNER, 1979). Assim, o método fenomenológico de Husserl sugere a reflexão sobre a consciência, num procedimento chamado redução fenomenológica – *epoché* – onde o mundo da vida cotidiana é colocado entre parênteses. Isso significa atingir o momento de consciência anterior ao mundo que sempre foi assim, importando para o pesquisador como se dá a construção dos significados. Desta forma seria possível chegar ao *eidos*, ou seja, à essência dos fenômenos. Correia (2005, p. 37) explica o processo da seguinte forma:

> É pelo método da redução fenomenológica, suspendendo a crença do investigador na existência factual do mundo externo, que é possível revelar os atos intencionais pelos quais os fenômenos são constituídos na consciência. [...]
> Graças à epoché, o sujeito livra-se de seu entrave mais íntimo e secreto, a consideração do mundo como um pré-dado, alcançando absoluta autonomia em relação ao mundo e à consciência que dele possui. (p. 35)

Trata-se, então, de colocar entre parênteses o conhecimento prático do mundo, os pressupostos das ciências e a existência dos outros e de mim mesmo. Assim, no lugar de se regressar às coisas, regressa-se à correlação entre a consciência e as coisas. Em última análise, interessa ao fenomenólogo a construção dos significados.

A análise da atitude natural e do mundo da vida diz respeito à socialidade, ao mundo dos homens que atribuem significado aos objetos e às ações que praticam. No plano científico, essa visão fundamenta uma Ciência Social compreensiva, que tenta superar a relação sujeito-objeto que ocupa a história do pensamento desde Descartes e do mundo quantificado da ciência moderna.

Schutz parte de onde parou Husserl: da análise do plano mundano, debruçando-se em especial sobre a comunicação, a intersubjetividade e a sociabilidade. O fio condutor de seu pensamento é a relação entre a consciência e o mundo; e a forma que vivemos o mundo é através da atitude natural:

> O mundo da vida cotidiana significará o mundo intersubjetivo que existia muito antes do nosso nascimento, vivenciado e interpretado por outros, nossos predecessores, como um mundo organizado. Ele se dá agora à nossa experiência e interpretação. Toda interpretação desse mundo se baseia num estoque de experiências anteriores dele, as nossas próprias experiências e aquelas que nos são transmitidas por nossos pais e professores, as quais, na forma de conhecimento à mão, funcionam como um código de referência. (SCHUTZ, 1979, p. 72)

Esse conhecimento à mão constitui um repertório e, assim como a redução fenomenológica, a atitude natural consiste em um processo de redução. Trata-se da suspensão da dúvida sobre uma realidade que é preponderante sobre todas as outras:

> A certeza de que o mundo existe antes de mim e que vai continuar de eu sair [sic] sustenta a história dos meus predecessores, a interação com meus contemporâneos e consociados e os projetos que os afetarão e aos meus sucessores. A atitude natural trabalha com a certeza dos agentes quanto a uma realidade exterior a todas as subjetividades, tomando como dado o mundo existente e suas leis. Só assim os agentes podem reproduzir, rotineiramente, as condições dessa realidade, que é apreendida a partir do conhecimento de receitas e comportamentos, entendidos de um modo que permite assegurar a continuidade da ordem social. (CORREIA, 2005, p. 38)

A *epoché* da atitude natural ocorre no mundo da vida, no cotidiano, onde os interesses são predominantemente do campo da ação, da pragmática. Ou seja: não passamos o tempo todo questionando as nossas ações; grande parte delas está no terreno do evidente, do espontâneo, de forma eminentemente prática. Schutz (1979) divide o mundo social em quatro "submundos", de acordo com a experiência partilhada de tempo e espaço:

- mundo dos consociados (*Umwelt*): é o mundo em que compartilhamos tempo e espaço com os outros, com a proximidade do face a face, criando, entre pessoas que se reconhecem como semelhantes, um relacionamento de Nós, com orientação-para-o-tu;
- mundo dos contemporâneos (*Mitwelt*): Trata-se da orientação-para-eles, onde não há uma experimentação direta ou imediata de nossos contemporâneos. Esse mundo usa recursos de tipificação e é caracterizado pelo anonimato;
- mundo dos predecessores (*Vorwelt*): é o passado, acabado e feito, fixo e determinado;
- mundo dos sucessores (*Folgewelt*): é futuro, totalmente indeterminável.

Conforme vamos nos afastando do mundo social, as relações tornam-se cada vez mais distantes, anônimas e inacessíveis à experiência. Por isso, criamos processos de tipificação (grosso modo, generalizações) para caracterizar nossos semelhantes. Em nossa consciência, sintetizamos nossas interpretações das experiências pessoais e alheias para estabelecer relações de familiaridade ou estranheza com o mundo.

Fonte: Correio, 2014, p. 288-290, grifo do original.

5.2
A construção social do "eu" e do "mim" na teoria de George Herbert Mead

A *construção teórica* de Mead inicia como um distanciamento das abordagens comportamentalistas, que ele afirmava não terem se desvencilhado de uma metafísica em relação ao componente subjetivo dos indivíduos, precisamente no que diz respeito à mente como algo dado, fazendo lembrar Kant e sua estrutura transcendental do sujeito. Para Mead, o desenvolvimento humano, quando considerado na teia das relações sociais, faz com que essa metafísica do "eu" não se sustente.

George Herbert Mead nasceu em 1863, em Massachusetts, Estados Unidos, e faleceu em 1931, em Chicago. Recebeu uma significativa influência cultural de sua família. Seus pais, embora não fossem da elite, puderam lhe proporcionar um bom ambiente de valorização dos estudos e aquisição de cultura. Seu pai era pastor protestante e valorizava o desenvolvimento intelectual de seu filho.

Ao entrar no Oberlin College, Mead se deparou com dificuldades financeiras advindas pela perda do pai. Ainda jovem, acabou tendo de se sustentar para sobreviver e estudar. No início de sua vida estudantil, percebeu tensões entre as explicações de cunho religioso sobre o mundo e o homem e os novos conhecimentos advindos das ciências humanas e naturais.

No curso de sua formação, buscou a qualificação por meio da pesquisa e de uma oportunidade na carreira universitária. Em seus estudos superiores na Universidade de Harvard, entrou em contato com a filosofia, o que aguçou seu senso crítico em relação ao modo como as ciências enxergavam a realidade, muitas vezes distante, fechando-se em teorismos e abstracionismos.

De volta à Alemanha, suas pesquisas em Leipzig e Berlim o aproximaram da psicologia, com especial interesse em aprofundar o binômio psicofísico que marcava as pesquisas de sua época. Novos contatos e oportunidades de trabalho o trouxeram de volta aos Estados Unidos. No final da década de 1890, tornou-se assistente de John Dewey na Universidade de Chicago. Anos mais tarde, apresentou sua psicologia social na forma de cursos e palestras. Essa nova abordagem do indivíduo e da sociedade o colocou em defesa dos direitos sociais e da necessidade de reformulações na legislação, de modo que ela passasse a contemplar os direitos das mulheres e fosse revisto o entendimento do direito penal para adolescentes infratores.

5.2.1 Mente e sociedade

A abordagem teórica de Mead para pensar a relação entre indivíduo e sociedade é a da psicologia social. Com isso, quer dizer que a mente e a noção de *self*, entendido como substrato da individualidade, não são uma realidade *a priori*, mas uma protoforma, somente capaz de emergir se puder contar com um entorno rico em elementos de estímulo, mediação e construção. Isso Mead define como o conjunto das "interações simbólicas" constitutivas do "eu". Existem, portanto, na relação com o "eu", outros "eus", pais, avós, amigos, parentes próximos, que, de modo geral, refletem um conjunto de estímulos, gestos, linguagens, comportamentos, que, em certa medida, serão os elementos constitutivos do "eu". Quando mead fala de um "mim", seria já uma realidade psíquica formada, ou em formação, que interage como resposta aos outros "eus", que formam o círculo das relações primárias.

Nesse ponto, podemos perceber a inversão epistemológica operada por Mead em relação às abordagens dualistas da relação entre indivíduo e sociedade. Esse pensador não concorda que a sociedade é o resultado do ajuntamento de indivíduos já constituídos de forma autônoma. Com base na psicologia e na filosofia, Mead argumenta que os indivíduos se constituem das relações sociais, das interações primárias. Para sua época, essa inversão paradigmática foi revolucionária, fazendo mudar o eixo de gravidade para compreender as relações humanas e as contradições da sociedade.

O "eu" de cada um é algo que emerge das relações sociais, uma instância atravessada por múltiplas influências, desde os grupos primários básicos até aspectos mais complexos, como cultura, e padrões mais gerais de comportamento, contextos mais amplos no qual os indivíduos estão inseridos. Antes do "eu" individualizado, existe o "eu" imerso, em construção pelas interações sociais. O desdobramento de tal perspectiva

coloca que a consciência individual, com todas as suas intenções, desejos etc., é formada num contexto de relações sociais, numa ou mais línguas específicas e num conjunto de normas culturais. Desde o nascimento, os bebês começam a experimentar a comunicação através de gestos, que funcionam como símbolos e constroem um universo de discurso. Com o passar do tempo eles aprendem a copiar e importar as práticas, gestos e, por fim, palavras daqueles ao seu redor, de modo que consigam dar suas próprias respostas a receber gestos e palavras adicionais dos outros. (Thorpe, 2016, p. 177)

Na concepção de Mead, que envolve o todo social e individual, as pessoas acabam assumindo em parte o universo gestual linguístico daqueles com quem convivem. Essa interação propicia a incorporação desses elementos em suas ações e falas. Esse jogo interacional segue as regras estabelecidas em cada agrupamento do qual cada indivíduo faz parte em diferentes situações e momentos. O que se sobressai nas interações não é o predomínio do componente individual, mas o peso da interação social, que em diferentes contextos propicia diferentes demandas. Isso exige dos indivíduos a capacidade de interagir e de lidar com essas demandas.

Na dinâmica social do desenvolvimento humano, existe, portanto, o "eu", que constitui a instância autoconsciente. O "mim", por sua vez, é aquela instância que responde condicionalmente às relações sociais e ao que estabelecem a cultura, os costumes, a moralidade etc. Existe também o *self*, aquela instância criativa, instintiva do indivíduo, repositório do patrimônio psíquico acumulado pela humanidade. O "eu" possibilita certo distanciamento, permite ao indivíduo refletir sobre si mesmo, seu mundo, as expectativas que se formam em face das demandas culturais que experimenta na vida em sociedade. Sem o "eu", o indivíduo ficaria reduzido a uma mônada social, um reflexo das interações que de certa forma o produziram. Seria uma perspectiva reducionista da pessoa humana, que Mead rejeita com veemência.

Dito de outra forma, o "eu" percebe o mundo e é capaz de se distanciar dele, pensá-lo, criticá-lo. Percebe que existem os outros "eus", o que Mead denominou de "outro generalizado", ou seja, os grupos, as instituições, as estruturas sociais – realidades objetivas constituídas de pessoas, regras e procedimentos. Esse "outro generalizado", externado, é parte integrante do processo de socialização das pessoas, deixa suas marcas, atravessa o "eu" de diferentes formas, muitas delas nem sempre agradáveis e agregadoras.

Leitura complementar

Psicologia social na escola: as contribuições de G. H. Mead

[...]

Mead concebe o processo de formação da individualidade como intimamente relacionado com os processos educativos promovidos pelas instituições educativas. Por isso, encontramos no autor a ideia de que a escola é uma instituição social que proporciona ao educando um conjunto de experiências reveladoras de atitudes da sociedade mais ampla em relação a ele. Ocupando o papel de porta-voz das pautas de condutas da sociedade, a escola se apresenta no pensamento meadiano como uma instituição de socialização, ao oferecer referências fundamentais para a condução do sujeito na sociedade. Ao mesmo tempo, a escola deve buscar o desenvolvimento de um projeto formativo voltado para a aquisição de competências cognitivas necessárias ao pensamento reflexivo. Ambas as áreas, socializante e cognitiva, da escola são indispensáveis e indissociáveis para a formação do *self*, instância nascida de experiências, simultaneamente, cognitivas e sociais.

A psicologia social se interessa pela maneira pela qual o psiquismo é formado e modificado pela interação com os outros. Desse modo, torna-se importante entender como os indivíduos constituem suas significações da realidade para a compreensão da formação do psiquismo e de suas manifestações na vida social [...].

[...]

A preocupação com uma abordagem voltada para o cotidiano da prática escolar, que desvele as áreas dos sujeitos que dele participam, torna o interacionsimo simbólico uma abordagem promissora no campo dos estudos críticos sobre a educação. O interacionsimo social e a etnografia da prática escolar se aproximam ao propor os seguintes princípios básicos para o desenvolvimento do trabalho de investigação: a) tornar o familiar estranho, registrando o que parece óbvio; b) explorar a situação tal como ela é concebida pelos sujeitos dela participantes, levando em conta seus significados e interpretações; c) analisar a relação entre a situação de sala de aula e o seu contexto de inserção; d) construir as hipóteses e os argumentos no interior do trabalho de campo [...].

A meu ver, o interacionismo social muito contribui para a investigação da escola enquanto instituição, por permitir a conexão da discussão epistemológica com um conjunto de recursos teórico-metodológicos a referenciar a análise do cotidiano escolar; interessa-se pelo que as pessoas fazem e como interatuam, suas crenças, perspectivas, valores, motivações e como isso se desenvolve com o tempo e de uma atividade a outra. Assim sendo, torna-se possível apreender uma escola, um grupo particular de alunos ou de professores, a desvelar o sentido das áreas materializadas na vida escolar. Por isso, incorporamos de Sirota (1994, p. 11), o postulado de que "... o cotidiano escolar pode ser lido e decifrado através da interação social que toda situação pedagógica gera, ressituada em seu contexto institucional e social".

Fonte: Sant'Ana, 2005, p. 68.

5.3
Erving Goffman e a formação do estigma

Entre os autores relacionados ao interacionismo simbólico, Goffman se destaca pela formação plural que teve. Além de sociólogo, foi antropólogo e escritor. Seu olhar atento para as microrrelações sociais no cotidiano da vida humana lhe valeram o título de pai da microssociologia. Além das ciências sociais, a obra de Goffman dialoga e se inscreve no campo da psicologia social, da psicanálise, da literatura, com reflexos nas teorias educacionais.

De origem canadense, Erving Goffman nasceu em 1922, na cidade de Mannville e morreu em 1982, na Filadélfia, Estados Unidos. Pertencente a uma família judia de migrantes, parte de seu interesse pela vida cotidiana reflete o fato de ter sido criado em uma pequena cidade habitada por migrantes vindos da Ucrânia.

Após seu mestrado em Toronto, foi para Chicago fazer seu doutorado, a partir do qual pavimentou seu caminho de pesquisador das ciências sociais.

Sua projeção acadêmica ganhou força com a publicação de sua obra *A representação do eu na vida cotidiana*. Nessa publicação, o autor lançou as bases de sua tese de fundo, a de que a vida social cotidiana é o palco onde as pessoas representam diferentes papéis, com contornos diferenciados, dependendo das circunstâncias, das atribuições e dos demais atores que estão também a representar.

Depois de se tornar professor titular na Universidade da Pensilvânia, aprofundou suas pesquisas e escreveu, em 1961, a obra *Manicômios, prisões e conventos*, na qual formula sua teoria das instituições totais. Em 1963, publicou outra obra de impacto na sociologia: *Estigma: notas sobre a manipulação da identidade deteriorada*.

5.3.1 A vida social e o estigma

A microssociologia formulada por Goffman concebe a sociedade como uma realidade total que atribui papéis, constrói identidades e estabelece regras e normas de conduta. A esses papéis corresponde um *script*, por assim dizer, e também um roteiro prévio. Construções sociais, como as que envolvem os diferentes tipos de profissões, como as de médico, advogado, empresário e pastor, estão, em linhas gerais, já definidas. Fora desse espaço que Goffman chama de *palco da vida*, os indivíduos podem ser eles mesmos, recolhidos na vida privada e protegidos pela sua privacidade. Nesse espaço, revela-se o "eu essencial". Trata-se de um espaço em que não é preciso representar – a intimidade ficaria salvaguardada das expectativas da vida social.

Para Goffman, o distanciamento entre as representações da vida pública e as vivências da vida privada pode ocasionar julgamentos negativos por parte da sociedade. Nesse processo, encontra-se a gênese do **estigma**, uma rotulação negativa e recorrente que se forma dessa discrepância entre a vida pública e a vida privada e que pode colocar as pessoas como alvo de diferentes sanções.

Essas microinterações que ocorrem entre os indivíduos e os grupos são o objeto da sociologia desse autor, que propõe conceitos interessantes para explicar diferentes fenômenos sociais, como violência e delinquência.

O sentido mais profundo dessa abordagem assume que o "eu individual" é, acima de tudo, uma entidade social:

> até mesmo o aspecto mais aparentemente idiossincrático do nosso eu individual, de acordo com os interacionistas simbólicos, não é tanto o produto de nossa psicologia única, mas é essencialmente determinado, e contingente, em termos tanto culturais quanto históricos. Aquilo que pensamos que somos, que imaginamos ser, e, talvez, mais importante, que somos capazes de ser, está ligado indissoluvelmente e mediado

pelos tipos de pessoas com as quais interagimos e pelos contextos institucionais nos quais habitamos. (Thorpe, 2016, p. 192-193)

Embora possa parecer uma forma determinista de explicar a relação entre indivíduo e sociedade, Goffman, ao chamar atenção para o problema do estigma, mostra que não se trata de um determinismo social. Na verdade, o estigma revela um espaço de atuação do sujeito que não se conforma com o que a sociedade estabelece. O rompimento, ou distanciamento, em relação àquilo que é socialmente estabelecido evidencia uma margem de identidade e rebeldia, na afirmação de si, naquilo que possa existir de singular e único em cada indivíduo.

Ao estudar esse processo, Goffman descortina o peso das instituições e a carga de opressão dirigida aos estigmatizados. O desvio da norma, que é marca do estigmatizado, revela traços obscuros da sociedade impositiva e de sua dificuldade em lidar com as diferenças. O resultado do desafio aos padrões de normalidade é uma relação de força desmedida entre indivíduo e sociedade, o que pode levar, com frequência, à marginalização, à segregação, ao aprisionamento e, por vezes, até à morte dos estigmatizados.

A formação da identidade apresenta uma dupla dimensão: a real e a virtual. A **identidade social virtual** é o que a sociedade estabelece como esperado em relação aos comportamentos dos indivíduos e aos papéis que lhes são atribuídos. O que se espera de um professor ou de um médico, por exemplo, precisa estar em conformidade com aquilo que a cultura social espera dos indivíduos que atuam como profissionais nessas áreas. Já a **identidade social real** reúne a autoimagem que os indivíduos têm de si, quando não estão representando seus papéis nos palcos da vida social, quando podem ser eles mesmos em sua intimidade e privacidade.

Como mencionamos, o estigma surge onde ocorre uma discrepância entre a identidade virtual e a identidade real. Goffman define o estigma fazendo referência à situação de um estranho que, estando a nossa frente, apresenta algumas evidências de que

> *tem um atributo que o torna diferente de outros que se encontram numa categoria em que pudesse ser incluído, sendo, até, de uma espécie menos desejável [. . .]. Assim deixamos de considerá-lo criatura comum e total, reduzindo-o a uma pessoa estragada e diminuída. Tal característica é um estigma, especialmente quando o seu efeito de descrédito é muito grande [. . .]* (Goffman, 1975, p. 12)

O que se depreende da conceituação de Goffman é que o estigma não é algo que faça parte intrinsecamente de determinado indivíduo, como se fosse uma marca de nascença. É o contexto social no qual está inserido que pode legitimar ou desautorizar esse indivíduo e seus atributos, sendo que tais atributos, sendo muito diferentes ou estranhos ao seu meio social, podem se configurar em algum tipo de estigma.

O estigma surge como realidade objetivada no processo social, quando o indivíduo é classificado como tendo atributos ou comportamentos indesejáveis na visão daquele meio ou grupo social. Ou seja, os autointitulados "normais" estabelecem difusamente o que pode ou não ser aceito ou tido como normal. Trata-se, então, de um processo social que se constitui mediado pelas relações entre indivíduos e grupos e do modo como as diferenças podem ou não ser acomodadas em um grupo ou sociedade.

Em sua análise, Goffman identificou basicamente três categorias de estigmas. Uma delas se refere aos que ocorrem em decorrência de deformidades físicas, isto é, pessoas fora dos padrões socialmente estabelecidos, como as que estão acima do peso, muito magras, com doenças degenerativas etc. Outra categoria diz respeito aos desvios de caráter, que abrangem, por exemplo, ébrios, viciados, andarilhos, pedófilos. Há ainda os estigmas de tribos, aqueles reservados às classificações culturais, étnicas, ideológicas e religiosas, envolvendo indivíduos que, por serem diferentes, se chocam com os padrões estabelecidos, podendo resultar em marginalização e exclusão social (Thorpe, 2016).

É bom lembrar que esse processo não acontece de modo unilateral, o que faz com que os indivíduos estigmatizados se tornem reféns passivos. Essas pessoas resistem de diferentes formas. É o que Goffman chama de *gestão da imprecisão*. Para ilustrar, podemos citar as diferentes mobilizações da população, como o grupo Lésbicas, Gays, Bissexuais e Travestis, Transexuais e Transgêneros (LGBT), que, por meio de discursos e práticas contra-hegemônicas, buscam evidenciar quão arbitrárias e opressivas podem ser as construções de identidades de gênero centradas em uma visão heteronormativa da sociedade. Ao mesmo tempo que seus teóricos e militantes se esforçam para desconstruir os padrões de gênero, não deixam de chamar atenção para o aspecto ético, que deveria ser o mais importante na avaliação das pessoas, não sua orientação sexual. Dinâmicas semelhantes podem ser observadas em outros grupos (deficientes físicos, dependentes químicos, negros, índios etc.) e em movimentos que lutam por direitos e reconhecimento.

Leitura complementar

O conceito de estigma sob a visão de que estigma é um processo constituído socialmente

[...]

O *processo de* estigmatização pode variar de acordo com a evidência e a exposição das características do indivíduo. Goffman (1975) caracteriza dois tipos de grupos de indivíduos de acordo com seu estereótipo: o desacreditado e o desacreditável. O indivíduo desacreditado possui características distintas em relação aos normais, sendo estas conhecidas e perceptíveis por estes. O desacreditável também possui características distintas das dos normais, mas nem sempre conhecidas e percebidas por eles. Essas duas realidades podem encontrar-se respectivamente na relação estigmatizados e normais.

Goffman (1975) afirma que os normais constroem uma teoria do estigma. Eles constroem uma ideologia para explicar a inferioridade das pessoas com um estigma e para ter controle do perigo que ela representa, acreditando que alguém com um estigma não é verdadeiramente humano. Para Melo (2000:2), o "social anula a individualidade e determina o modelo que interessa para manter o padrão de poder e anula todos os que rompem ou tentam romper com o modelo social". Os estigmatizados possuem uma marca, significando então que sua identidade social é deteriorada para conviver com os outros. Para Goffman (1975:148), "normais e estigmatizados são perspectivas que são geradas em situações sociais durante os contatos mistos, em virtude de normas não cumpridas que provavelmente atuam sobre o encontro".

No ensaio intitulado Stigma Reconsidered (1986), Ainlay, Coleman e Becker apresentam uma proposta de definição de estigma pautando-se, primordialmente, nas ideias de Goffman. Para eles, Goffman foi o autor mais autoconsciente interessado em definir o fenômeno do estigma. (Ainlay, Coleman & Becker, 1986).

Estigma, para Ainlay, Coleman & Becker (1986), é uma construção social, onde os atributos particulares que desqualificam as pessoas variam de acordo com os períodos históricos e a cultura, não lhes propiciando uma aceitação plena social. Deste modo, as pessoas são estigmatizadas somente num contexto, o qual envolve a cultura; os acontecimentos históricos, políticos e econômicos e uma dada situação social, ou seja, a estigmatização não é uma propriedade individual. Em comparação, para Goffman (1975), os normais e os estigmatizados não são pessoas em si, mas perspectivas constituídas pelo meio social, o qual categoriza e coloca atributos considerados naturais e comuns para os membros de cada categoria.

O contexto histórico pode provocar mudanças no curso de estigma, propiciando alterações em suas descrições, nas categorias que o envolve e no processo de estigmatização, assim, pode-se dizer que a prática, a compreensão e a percepção de estigma são variáveis de acordo com a historicidade. Alguns estigmas perpetuam durante as épocas, porém, muitos são findáveis e característicos de um dado contexto histórico, social e cultural. A percepção de estigma modifica-se também entre os contextos sociais, sendo sutilmente diferente diante de cada um (Ainlay, Coleman & Becker, 1986).

As tendências morais e intelectuais da época e a estrutura cultural são elementos importantes quando se pensa onde e quem determina o que é estigma. Vale salientar que o grau de intensidade de estigma também se altera para cada tempo e lugar. Ao mesmo tempo em que estigma está ligado à ideia de mudança em paralelo com o social e o cultural, as pessoas que compõem a sociedade são responsáveis pela sua perpetuação. Como membros da sociedade, os indivíduos perpetuam as suas concepções de estigma e a forma de responder a ele. Isso se dá pelo passar das gerações, através da aprendizagem social e da socialização.

> As relações sociais entre pessoas não estigmatizadas e pessoas estigmatizadas seguem o fluxo das primeiras. Estas relações não são igualitárias devido ao sistema de percepções das pessoas não estigmatizadas e pelo seu conjunto de categorias – as quais não lhes permitem prever uma pessoa estigmatizada em uma categoria comparada com a sua. Destarte, uma pessoa dentro de uma categoria da qual ela não é esperada pode ser tolerada, mas não aceita totalmente.

Fonte: Cardoso; Siqueira, 2011, p. 95-96.

5.4
Judith Butler: gênero e sociedade

As mudanças sociais, advindas do pós-Guerra, a partir da segunda metade de século XX, trouxeram a discussão de gênero para a agenda da sociologia. O movimento feminista se espalhou pelo mundo ocidental, e o livro *O segundo sexo*, de 1949, escrito por Simone de Beauvoir, delineou os processos sociais de construção de gênero, mostrando que a mulher é atravessada na constituição de sua identidade por fatores culturais de predominância patriarcal. No campo da antropologia, os padrões patriarcais de normas sociais foram colocados em xeque pelos resultados das pesquisas de Margaret Mead. Seus estudos sobre algumas tribos evidenciaram que o relacionamento entre homens e mulheres responde aos diferentes padrões culturais nos quais está imerso. Temas considerados tabus, como aborto, sexo fora do casamento e divórcio, passaram por debates e aprofundamentos. Os estudos de Michel Foucault sobre a história da sexualidade demonstraram que existem mediações de poder envolvendo o relacionamento entre homens e mulheres. Foucault também revelou que os padrões sociais, inclusive em relação à orientação sexual dos sujeitos, se constituem, se perpetuam e se hegemonizam pela força cultural e institucional, mediante a criação de dispositivos de controle e punição, e que tais padrões são predominantemente configurados com base em um referencial heteronormativo, branco e cristão.

Apropriando-se de muitos desses estudos, Judith Butler se propõe a expandir as discussões de gênero, aprofundando sua análise no terreno da filosofia e da sociologia. Butler é considerada uma das principais representantes da teoria *Queer*, uma abordagem que busca pensar a sociedade com base em suas diferenças e das identidades que são estabelecidas como parâmetros da vida social. Butler destacou-se internacionalmente como ensaísta e ativista dos direitos das populações "dispensáveis", termo que ela utiliza para criticar a tendência predatória e desumana do capitalismo neoliberal, que, ao promover a exclusão e a marginalização social, cria situações de vulnerabilidade, violência e miséria pelo mundo.

5.4.1 *Direitos das mulheres e equidade de gênero*

Uma análise histórica das últimas décadas mostrará que as mulheres avançaram em suas conquistas. A independência econômica assegurada pela ampla participação do mercado de trabalho representou, pelo menos em parte, mais liberdade e oportunidades de desenvolvimento. Outro fator que contribuiu com a emancipação feminina é o acesso crescente aos níveis mais altos de escolarização. Estas e outras mudanças trouxeram algumas consequências, entre elas uma alteração no perfil das famílias, que passam a ser menores, e uma diminuição nas taxas de maternidade. Aquele velho estigma, estabelecido principalmente por influência da cultura cristã mais antiga, no qual a mulher estava restrita a cumprir os papéis de mãe, esposa e dona de casa, encontra-se enfraquecido, em boa medida, desacreditado. Para Adelman (1999), tais aspectos se configuram em ranços de uma cultura indentitária calcada em padrões heteronormativos.

Por outro lado, somente a inserção no mercado de trabalho e a progressiva escolarização não estão sendo suficientes para garantir a devida valorização das mulheres. Desigualdades em relação aos ganhos ainda é uma realidade presente em grande parte da economia. Em muitas empresas, alguns modelos de gestão pautados em padrões machistas fazem com que mulheres na mesma função que um homem, às vezes com escolaridade superior, ganhem menos, não havendo outra justificativa possível que não a predominância do machismo.

Quando se aprofunda a análise dessa problemática no campo educacional, aparecem alguns contrastes. Para autores como Foucault (1996), nesse campo, os discursos e as práticas sofrem uma clivagem que tende a reforçar a dominação masculina. Essa constatação é ilustrada pelas situações de readaptação nas escolas, isto é, quando um funcionário homem precisa, por uma razão ou outra, mudar de função, ele resiste a desempenhar atividades que julga como tipicamente femininas, como limpeza, copa e cozinha. No entanto, os homens readaptados preferem trabalhar na manutenção ou em funções ditas masculinas. Tal comportamento mostra quão arraigada ainda é essa cultura. Inclusive nas escolas, um espaço tido como de aprendizagem e desenvolvimento, vê-se uma classificação estereotipada do que sejam os papéis dos homens e das mulheres. Existe, assim, portanto, uma clara divisão sexual do trabalho, que tende, em muitos casos, como revelou a pesquisa, a enaltecer as atividades masculinas em detrimento daquelas tidas como femininas.

Em face do exposto, retomando as contribuições de Butler (2003), é possível afirmar que **gênero** é muito mais que uma forma indicativa e cultural de orientação do homem e da mulher, trata-se de processos de construção social permeados por relações de poder assimétricas, manifestas nas práticas sociais e nos regimes de verdade instituídos por dispositivos institucionais de poder calcados em um paradigma cultural heteronormativo. Assim, o lugar ou lugares que a mulher pode ocupar no mundo sociocultural decorrem predominantemente dos diversos sentidos e representações construídas pelos processos interativos concretos, mediados pelas relações de poder que em última análise determinam o social.

O discurso sobre a igualdade torna-se uma proposição idealizada, assumindo a qualidade de um dever ser, pois, na verdade, as realidades concretas na sociedade têm se dado por traços marcantes de discriminação. No entanto, cabe ressaltar que a percepção dessa discriminação nem sempre é clara – o discurso do politicamente correto muitas vezes tende a encobrir a natureza desigual das relações. Clichês em torno da fragilidade, da vulnerabilidade, da sensibilidade, que seriam elementos de uma suposta natureza feminina, ou condição natural da mulher, escondem muitas vezes uma estética da limitação, conforme indica Adelman (1999). Por meio dessa estética, o poder masculino afirma seu domínio. Para essa autora, trata-se muito mais de uma naturalização social e histórica, uma ideologização do feminino e do masculino imiscuída em elementos patriarcalistas.

Os elementos desse discurso em favor de uma suposta natureza feminina e de como as mulheres estariam, portanto, naturalmente voltadas para certas funções se fizeram e ainda se fazem muito presentes no campo da educação. Nesse sentido, não são poucos os educadores, homens e mulheres, em consenso sobre entendimentos de que a maternidade e a sensibilidade feminina habilitariam naturalmente as mulheres para a educação e socialização das crianças. Em um texto lapidar, *Professora sim, tia não*, Paulo Freire (1997) demonstra a força desse estereótipo no contexto do magistério, vendo-se no trabalho de educadora uma extensão do trabalho doméstico da figura da mãe amorosa e acolhedora.

Assim, podemos considerar que ser professora em uma cultura patriarcal está associado a uma atividade de segundo plano, sem o mesmo *status* e reconhecimentos das profissões liberais. Ser professora seria, então, algo inerente às mulheres em virtude da consonância com sua vocação para os cuidados associados à maternidade, atividades que têm em comum a sensibilidade, a docilidade, a paciência e a mansidão. Tais argumentos reforçam concepções essencialistas sobre a mulher e também sobre a educação. Trata-se de idealizações carregadas de significados reforçadores de papéis, discursos e práticas em torno da mulher e do magistério como atividade eminentemente feminina, vista como vocação e missão. Logo, são dispensadas as demandas por melhores salários e condições de trabalho, algo estranho a quem se dedica por amor a uma causa. Nada mais demagogo e ideológico do que o discurso vocacional e missionário na educação. Os efeitos deletérios são visíveis no modo como o Poder Público, ao longo da história, e ainda hoje, conduz as políticas públicas voltadas à educação. As reformas educacionais dos últimos anos têm provocado uma proletarização dessa categoria, principalmente na educação básica, na qual predomina o público feminino.

Ainda é forte a herança do patriarcalismo que impôs a relação entre a maternidade e o magistério. Isso faz muito sentido, uma vez que o campo educacional foi um dos primeiros a se abrirem ao ingresso das mulheres. Essa mudança ocorreu sob os influxos do Renascimento e do Iluminismo, pois antes desse período a educação era eminentemente responsabilidade dos homens.

Não seria estranho supor que a presença majoritária das mulheres na educação básica se deve a uma perspectiva masculina que associa aspectos conciliatórios possíveis de serem alcançados entre as atividades docentes e as tarefas domésticas. Isso poderia ser explicado pelo surgimento de novos campos de trabalho que possibilitaram o afastamento do magistério por parte dos homens, fazendo naturalmente com que as mulheres o buscassem.

No entanto, cabe ressaltar que a escola como lócus privilegiado da formação dos seres humanos não está imune ao que se verifica em outros espaços sociais no tocante à falta de igualdade e equidade de gênero. Em muitas situações, as mulheres se tornam sujeitos assujeitados, discriminados por uma cultura com forte acento do poder masculino. Esse fenômeno está presente até mesmo nas universidades, conforme assinala Adelman (1999), ao observar a resistência de muitos programas de Sociologia em acolher, em igualdade de importância e reconhecimento, o campo da sociologia feminista.

Em pesquisa realizada no Paraná, Nauroski (2014) mostra uma divisão sexual do trabalho no campo educacional em que, de modo desproporcional, as mulheres atuam em funções operacionais e de execução, e os homens, em cargos de direção. Permanece um conjunto de relações assimétricas entre os gêneros. A escola como campo social específico reproduz as mesmas relações sociais de desigualdade presentes na sociabilidade linear e patriarcal.

> A presença de mulheres é maior nas séries mais elementares e é menor nas séries mais avançadas. Isto é, nas etapas de ensino que exigem menor escolarização, as funções docentes são preenchidas predominantemente por mulheres, enquanto os homens, por privilégios culturais, ocupam funções docentes em etapas mais elevadas e que, portanto, possuem status, sendo, também, mais bem remuneradas. Faz parte do imaginário coletivo do magistério classificar as disciplinas conforme seu grau de complexidade. Contudo, essa classificação não ocorre de forma neutra, nela subjaz a ideologia patriarcalista de enaltecimento do masculino e de desprestígio do feminino,

que acaba influenciando as escolhas, formas e oportunidades de inserção diferenciada por homens e mulheres na carreira do magistério. (Pires et al., 2005, p. 222)

Além desses aspectos, percebe-se certa hierarquização das disciplinas em relação ao gênero. Prevalece na maioria das escolas pesquisadas uma divisão do trabalho em que os homens se sustentam na posição de mando, planejamento e direção. Um dado interessante é uma maior presença feminina na educação inicial das crianças, diminuindo progressivamente essa presença nas séries mais avançadas dos processos de escolarização.

Leitura complementar

Repensando a vulnerabilidade e a resistência

[...]

Há uma resistência à vulnerabilidade que usa as dimensões políticas e psíquicas. A resistência psíquica à vulnerabilidade desejaria que nunca fosse o caso em que o discurso e o poder fossem impostos a nós de maneiras que jamais escolhemos, e busca uma noção de soberania individual contra as forças modeladoras da história em nossas vidas personificadas. Por outro lado, o significado em si da vulnerabilidade muda quando se compreende como parte da resistência política. Uma das características importantes de mobilizações extralegais, protestos e assembleias que vimos recentemente confirma que a resistência política existe na mobilização da vulnerabilidade.

A vulnerabilidade pode ser exposta e oculta ao mesmo tempo. Um coletivo expõe sua própria vulnerabilidade como parte de uma declaração política. Ao chegar ao público, um coletivo é exposto a ferimentos em potencial, da polícia, daqueles que não recebem proteção da polícia. São sujeitos políticos que estabeleceram uma ação não subjugando sua vulnerabilidade. Uma crítica muito importante surge daqueles que argumentam que a vulnerabilidade não pode ser a base para a identificação de um grupo sem fortalecer poderes paternalistas. Compreendo essa crítica, mas acho que devemos ter em mente que a proteção paternalista não é o único objetivo político e que devemos separar isso em favor de formas de ação política e de resistência que são feitas pela dita população vulnerável.

Para resumir, a vulnerabilidade não é uma disposição subjetiva, ela caracteriza uma relação com um campo de objetos, forças e paixões que nos tocam ou afetam de alguma forma. Como uma maneira de se relacionar com o que não sou eu ou que não é dominado. A vulnerabilidade é um tipo de relação que pertence a uma região ambígua na qual receptividade e resposta não são claramente separáveis uma da outra. E não distintas como momentos separados em uma sequência. Onde a receptividade e a resposta tornam-se a base para mobilizar a vulnerabilidade ao invés de se engajar em sua negação destrutiva.

Claro que tenho consciência que há resistência a essa visão em pelo menos duas maneiras. Há uma resistência à vulnerabilidade que caracteriza formas de domínio. Há uma forma de resistência social e política, quer dizer, informada pela vulnerabilidade, então, não o seu oposto. Quero sugerir que a vulnerabilidade não é nem totalmente passiva nem totalmente ativa, mas opera em uma região central, uma característica constituída do animal humano que é afetada e atua. Portanto sou levada a pensar que essas práticas de exposição deliberada à violência policial ou militar, na qual corpos se colocam na linha de frente e que ou recebem golpes ou tentam parar a violência como bloqueios ou barricadas vivas...

Em tais práticas de resistência não violenta, como as que vimos no Parque Gezi, nos protestos na Turquia em julho de 2013, podemos entender que a vulnerabilidade corporal é algo que é mobilizada com o propósito de resistência. Tal alegação é controversa, entendo. Pode parecer que as pessoas estão comprometidas à autodestruição.

Mas, na verdade, acho que a mobilização da vulnerabilidade pode ser uma maneira de afirmar a resistência, proclamar o direito ao espaço público, igualdade, mobilidade, se opor à violência policial e ações militares. Às vezes, sob certas condições, continuar a existir, se mover, respirar, são formas de resistência. Por isso às vezes vemos placas na Palestina com o slogan: "Ainda existimos". Na vida política, certamente parece que, primeiro, algo injusto acontece e, depois, há uma resposta. Mas pode ser que a resposta esteja acontecendo enquanto a injustiça ocorre. E isso nos dá outra maneira de pensar sobre eventos históricos, ação, paixão, vulnerabilidade e formas de resistência. Sem sermos capazes de pensar na vulnerabilidade, não podemos pensar em resistência. E, pensando em resistência, já estamos a caminho de desmontar a resistência para a vulnerabilidade para, precisamente, resistir.

Fonte: Butler, 2015.

Síntese

Ao longo deste capítulo, apresentamos algumas abordagens sociológicas não muito conhecidas, como é o caso da sociologia fenomenológica de Alfred Schutz. A inovação trazida por esse autor caracteriza o fenômeno social como algo a ser analisado sem prejuízos, sem pré-julgamentos de quem analisa. Para que isso seja possível, Schutz estabelece como necessário estar atento aos aspectos intersubjetivos das relações sociais, permitir que o mundo da vida se revele tal qual ele é, em sua ontologia natural. É no mergulho nesse universo fenomênico que o cientista pode captar os diferentes significados que surgem das ações dos sujeitos. Essa vida social primária é que deve ser a fonte da ciência sociológica, e não teorizações *a priori*.

Outra abordagem apresentada neste capítulo foi a de George Herbert Mead, que buscou explicar como se constitui o desenvolvimento da mente e do "eu", entendido como um processo social. O *self* representa aquela instância que reúne o "eu" e a personalidade do indivíduo, realidades que se constituem em meio às interações sociais com outros "eus". Mead inova ao considerar a psicologia social como base epistemológica para explicar os processos de interação social. A mente não é algo *a priori*, mas resultado de um fluxo constante de interações do "eu" com seu entorno, até que esse processo se consolide com o "mim", uma dimensão do *self* que reúne em boa medida traços de individualidade e diferenciação que possibilitam ao indivíduo interagir no mundo tendo como referência sua identidade.

Para Erving Goffman, também abordado neste capítulo, a vida social resulta das diferentes representações dos indivíduos, as quais existem no plano subjetivo, como visão de mundo, mas também na condição de papéis representados no palco da vida social. Conforme esse autor, um dos fenômenos sociais mais instigantes é o estigma, entendido por ele como resultado do distanciamento entre a vida privada dos indivíduos e as representações na vida pública em meios aos diferentes papéis que precisam desempenhar.

No último tópico deste capítulo, destacamos algumas das reflexões sobre as questões de gênero, sob o olhar de Judith Butler. Ao longo do texto, mostramos que existem padrões sociais construídos em torno das representações do masculino e do feminino. De modo geral, esses padrões apresentam características patriarcais e predominantemente obedecem às lógicas heteronormativas.

Indicações culturais

Livro

BEAUVOIR, S. **O segundo sexo**: fatos e mitos. Rio de Janeiro: Nova Fronteira, 1980.

Essa obra apresenta uma análise crítica sobre as representações em torno do masculino e do feminino. A autora busca desnaturalizar e historicizar as práticas e os discursos relacionados às questões de gênero. Sua investigação passa pela história das sociedades e pela revisão dos mitos construídos em referência à mulher, os quais reforçam estereótipos machistas patriarcais.

Filmes

ELA. Direção: Spike Jonze. EUA: Sony Pictures, 2014. 126 min.

Em tempos de uma vida mediada pelas tecnologias e pelas redes sociais, o filme conta a história de um homem que se apaixona por um programa de computador que atua como se fosse uma mulher. O filme provoca a reflexão sobre o quanto as relações virtuais são capazes de suprir as necessidades humanas, inclusive as de afeto.

O personagem Theodore enfrenta diferentes dilemas envolvendo essa singular relação, desde o afastamento do mundo até questões éticas de uma relação íntima com um sistema operacional de inteligência artificial que tenta simular com perfeição um relacionamento humano.

TAXI Driver. Direção: Martin Scorsese. EUA, 1976. 114 min.

Com a marca provocativa de Scorsese, *Taxi Driver* tem no personagem de Travis Bickle (Robert de Niro) uma figura controversa e problemática. O filme deixa em suspenso como foram a educação e a relação familiar do personagem. Como motorista de táxi acostumado a transitar no submundo da cidade, após uma crise ética e psicológica em relação ao mundo que o cerca, Travis envereda por um comportamento obsessivo de justiceiro diante do que ele considera ser a escória do mundo. Trata-se de uma produção rica em elementos sociais contraditórios e personagens problemáticos que deixam transparecer o quanto o contexto social exerce pressão sobre os indivíduos.

Atividades de autoavaliação

1. A abordagem sociológica inovadora de Schutz ficou conhecida como:

    a) sociologia fenomenológica.

    b) sociologia estruturalista.

    c) interacionismo cultural.

    d) analítica psicossocial.

2. O foco da análise de Schutz eram mostras de que as relações sociais em grande parte decorrem:

a) das interações intersubjetivas e dos diferentes sentidos e significados atribuídos pelos sujeitos a suas ações.

b) de que as ações sociais seguem uma racionalidade externa e coercitiva.

c) de que o social é uma projeção da consciência coletiva particularizada em cada indivíduo.

d) de que o mundo da vida é um palco de representações de diferentes papéis.

3. A base epistemológica de Mead para explicar a relação entre indivíduo e sociedade tem como referência:

a) a filosofia da linguagem.

b) o estruturalismo francês.

c) o materialismo dialético.

d) a psicologia social.

4. Segundo Goffman, a vida social pode ser explicada comparativamente como:

a) um palco onde as pessoas representam diferentes papéis.

b) uma realidade material e objetiva que desde o nascimento determina a vida de cada indivíduo.

c) o conjunto das representações de classe, associações e instituições.

d) um conjunto orgânico e holístico que envolve o todo e as partes numa lógica integracionista.

5. A análise social realizada por Butler sobre a construção dos padrões sociais relacionados às questões de gênero tem como ideia crítica central:

a) a equidade de gênero como realidade social predominante.

b) a diferenciação biológica como um fenômeno científico.

c) a heteronormatividade.

d) o sexismo como algo natural em face das diferenças entre homens e mulheres.

Atividades de aprendizagem

Questões para reflexão

1. Com base no que foi exposto sobre as teorias de Schutz, explique a concepção fenomenológica da sociedade desse autor.

2. De que modo a psicologia social ajuda a compreender a formação da identidade dos indivíduos?

3. Como acontece o processo social que leva à formação do estigma?

4. Que situações atuais, envolvendo as relações de gênero, podem exemplificar a heteronormatividade?

Atividade aplicada: prática

1. Considerando a discussão realizada por Judith Butler, como você explicaria que mulheres tenham salários até 30% menores do que os de homens com a mesma formação e nas mesmas funções?

6

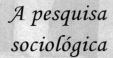

A pesquisa sociológica

Na sociedade ocidental, [...] a ciência é a forma hegemônica de construção da realidade, considerada por muitos críticos como um novo mito, por sua pretensão de único promotor e critério de verdade. No entanto, continuamos a fazer perguntas e a buscar soluções. Para problemas essenciais, como a pobreza, a miséria, a fome, a violência, a ciência continua sem respostas e sem propostas.
(Maria Cecília de Souza Minayo, em *Pesquisa social: teoria, método e criatividade*)

Neste último capítulo, abordamos a produção do conhecimento científico, mostrando que a ciência é fruto da pesquisa realizada com base teórica e experimental, passível de demonstração. O rigor do saber científico é fruto do acesso a informações confiáveis e do diálogo com outros pesquisadores com domínio no mesmo campo em estudo. Na pesquisa social, a metodologia diz respeito ao conjunto de práticas e técnicas usadas para a coleta de dados, a organização de informações, bem como o tratamento e a interpretação desses dados.

Trata-se de um processo que envolve as etapas de pesquisa e de construção de um projeto, em que é fundamental ter claros o campo e o objeto a serem investigados. Esse é um percurso em que se estabelecem a base conceitual e teórica da pesquisa e as variáveis com as quais os dados serão confrontados e interpretados. Ao cabo da organização de uma base empírica relativa a um ou mais objetos, é preciso identificar as relações entre as variáveis e testar as hipóteses levantadas.

6.1

Metodologia na pesquisa sociológica

A *sociologia tornou-se* ciência no século XVIII, apresentando-se como uma resposta científica diante das transformações que vinham ocorrendo na sociedade no período industrial. Ao longo de seu desenvolvimento como área de conhecimento, surgiram algumas abordagens fundadas em diferentes teorias para explicar os fenômenos sociais. Cada uma delas apresenta uma característica e um enfoque diferenciado no modo de olhar a sociedade e seus problemas.

Entre essas abordagens, as **teorias da ação social** contam com contribuições do pensamento de Max Weber (1864-1920), para quem a sociedade é o resultado do conjunto das ações e interações sociais entre os indivíduos. Weber entende que o social nasce da ação individual articulada. Essa premissa o levou a formular uma teoria que ficou conhecida como *individualismo metodológico*, segundo o qual, para compreender dada realidade social, é necessário identificar os sujeitos que dela fazem parte, evidenciando os diferentes tipos de ações que praticam e o sentido que dão a elas. O resultado disso é um estudo de caráter compreensivo e interpretativo, no qual o cientista social constrói sua análise pela ótica dos sujeitos e dos significados que atribuem a suas ações. Assim, é possível para a sociologia captar os nexos causais entre a ação dos sujeitos e a realidade social mais ampla. Foi dessa forma que Weber buscou explicar a origem do capitalismo moderno como fenômeno resultante da ética protestante ao enfatizar comportamentos de disciplina, renúncia e vocação.

A **perspectiva funcionalista**, desenvolvida principalmente por Émile Durkheim (1858-1917), toma a sociedade como uma realidade anterior ao indivíduo. Desse modo, é necessário ao conjunto dos sujeitos adaptar-se a sua estrutura e a seu funcionamento. Assim como o corpo humano é composto por membros, órgãos e partes com funções específicas, tudo funcionando para o bem do conjunto, a sociedade é um organismo vivo em evolução, em que os grupos, as classes e as instituições atuam de modo semelhante, cada qual desempenhando suas funções de maneira a promover a integração da sociedade. Um dos problemas centrais do funcionalismo é explicar as causas que atuam para a manutenção ou a desagregação da ordem social.

Além das abordagens anteriores, existem as **teorias do conflito**, as quais têm como principal representante Karl Marx (1818-1883), para quem a sociedade é explicada pelas situações de conflitos e tensões entre as classes sociais. Nessa leitura, a história é palco de confrontos entre as classes que disputam entre si a riqueza produzida e ainda entre aqueles que detêm os meios de produção (burguesia) e os que dispõem apenas de sua mão de obra (os proletários). É da dinâmica das contradições entre capital e trabalho que derivam os demais fenômenos sociais, entre eles o da desigualdade.

Entre as abordagens mais recentes, podemos destacar o **interacionismo simbólico**. Seu interesse de análise é a vida cotidiana concreta e o que acontece com os indivíduos em seu cotidiano. Para os interacionistas, as relações sociais refletem o modo como os indivíduos interpretam os diferentes símbolos sociais no ato da comunicação. O processo interativo da vida social permitem aos sujeitos compreender a realidade em que estão inseridos, assim como possibilita a elaboração de representações sobre o mundo e sobre si mesmos, o que o interacionismo define como *self*. As identidades, os papéis sociais, o *status* e o conjunto das relações sociais, mesmo as instituições e estruturas sociais, são em última instância resultado das interações sociais, atuando ao mesmo tempo como fronteiras sociais a moldar os comportamentos e as experiências humanas.

Nessa perspectiva, a sociedade é entendida como o macrocontexto de inserção dos sujeitos, que entram em contato uns com os outros considerando-se suas prioridades e modos de representação. Esse contato é mediado pela comunicação e pelo significado dos códigos utilizados, o que se traduz em atos e gestos. Os sujeitos captam mentalmente o sentido das interações e constroem representações sobre elas. O resultado desse processo mental ajuda a criar o *self*, isto é, a identidade psicológica e existencial que dá unidade e individualidade às pessoas.

6.2
Descrição da metodologia na pesquisa

Revistas, em linhas gerais, algumas abordagens da ciência sociológica, podemos avançar e tratar do processo de construção do conhecimento nessa área de saber. Inicialmente, é importante refletir sobre como se dá a produção do conhecimento científico. A ciência é fruto da pesquisa realizada com base teórica e empírica, ou seja, não se pode fazer ciência com base no "achismo" ou na reprodução pura e simples do conhecimento cotidiano. O rigor do saber científico é obtido mediante o acesso a informações confiáveis e o diálogo entre os cientistas e seus pares. Cada campo e cada objeto de estudo dentro da ciência social exige um cuidado teórico e metodológico próprio. Dessa forma, é necessário avaliar a coerência epistemológica entre as teorias que serão utilizadas e os objetos a serem investigados.

Como mencionamos no início deste capítulo, na pesquisa social, a metodologia refere-se ao conjunto de práticas e técnicas usadas para a coleta de dados, a organização de informações e os processos que envolvem o tratamento e a interpretação desses dados. Ao cabo da organização de uma base empírica relativa a um ou mais objetos, é preciso identificar as variáveis e testar as hipóteses levantadas no início da pesquisa.

Ao longo da história da sociologia, discutiu-se seu *status*, se ela poderia ser ou não ser considerada uma ciência, tendo em vista que seus métodos e experimentos diferem dos observados no modelo das ciências da natureza, em que a relação de causalidade tende a ser mais facilmente demonstrada.

O modelo epistêmico da análise social tem o potencial de identificar nexos causais verossímeis e demonstráveis, porém o fator humano é complexo demais e não pode ser reduzido a uma relação causal determinada, semelhante ao que ocorre em um experimento químico em laboratório. Quando se trata de pessoas, aspectos éticos e culturais impossibilitam a formulação de leis gerais e determinadas para explicar o comportamento social.

O caminho metodológico que envolve a pesquisa social pode ser representada no esquema da Figura 6.1.

Figura 6.1 – Etapas da pesquisa social

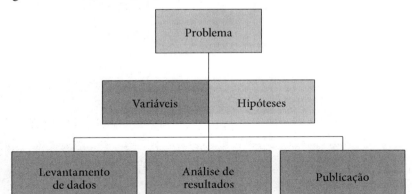

Em linhas gerais, a cientificidade da sociologia deriva, sobretudo, de três fatores: um conjunto de teorias próprias para embasar seus conceitos e categorias, a organização de um saber rigoroso e sistemático e métodos elaborados de investigação e análise, os quais podem ser descritivos, analíticos, dialéticos, funcionais ou estruturalistas. Além desses aspectos, é necessário considerar que a sociologia tem como objeto de estudo fundamental os fatos sociais.

6.3
Elementos que formam o conjunto teórico na pesquisa social

Existem três conjuntos de ferramentas presentes na pesquisa sociológica que precisam ser considerados. As **teorias** formam um conjunto sistematicamente organizado de ideias, o qual, respeitando-se as diversas perspectivas e autores, indica o que é relevante investigar e as possíveis relações entre diferentes aspectos de uma realidade social. Já as **hipóteses** representam uma possível resposta conjectural ao problema pesquisado, ressaltando a relação entre as variáveis de um fenômeno, como no caso de uma hipótese que relaciona desigualdade social e criminalidade juvenil. As hipóteses ajudam a nortear a pesquisa e a organização dos dados de modo a confirmar ou negar sua formulação. Os **dados** constituem o conjunto das informações previamente selecionadas coerentemente em relação ao objeto investigado.

O desdobramento metodológico tem na escolha das variáveis o elemento central na elaboração da pesquisa. Exemplificando: se o objetivo é compreender o adoecimento de trabalhadores da educação, torna-se relevante identificar o sexo, a idade, a jornada, a carreira e os rendimentos dos sujeitos, bem como elaborar questões e roteiros de entrevistas que permitam conhecer em detalhes as condições e relações de trabalho desses profissionais.

Além disso, a elaboração de uma pesquisa exige alguns cuidados. Primeiramente, é preciso que o pesquisador tenha alguma proximidade ou afinidade com o tema pesquisado. Esse tema deve ter relação com o referencial teórico selecionado pelo pesquisador; caso contrário, a pesquisa e seu desdobramento no tratamento e análise dos dados se tornarão uma tarefa que dificilmente chegará a um bom termo.

Para quem está dando os primeiros passos na pesquisa científica, recomenda-se escolher temas sobre os quais já exista alguma contribuição teórica, com pesquisas já realizadas, que podem servir de suporte inicial. Em uma revisão de literatura sobre determinado assunto, é possível ao pesquisador iniciante perceber novos aspectos ainda não pesquisados ou que necessitam de maior aprofundamento. A pesquisa científica avança com resultados que vêm com o tempo, com o exame e análises que vão se somando e trazendo novos aprofundamentos.

A escolha do objeto a ser pesquisado também precisa ter relevância social, para que os estudos possam contribuir com o melhoramento da sociedade. Embora nem sempre isso ocorra, o escopo da ciência é o conhecimento para o bem de toda a humanidade. Podemos pensar na relevância das pesquisas sociológicas que tratam das causas da criminalidade, ou do impacto das mudanças tecnológicas na vida das pessoas, ou ainda dos direitos das minorias. Estes e muitos outros temas ilustram a ideia de relevância social.

Considerando-se os clássicos, podemos destacar alguns conselhos aos que se propõem a estudar a realidade social. Max Weber, em sua obra *Metodologia das ciências sociais* (1999), publicada originalmente em 1922, refere-se à importância de o cientista social ter bem claros os próprios valores e crenças pessoais, uma vez que estarão presentes na escolha do que será pesquisado e podem afetar seu olhar e análise. Segundo Weber, não existe neutralidade nas pesquisas, por isso o pesquisador precisa estar consciente de sua visão de mundo pessoal, até como forma de evitar que esses aspectos interfiram em sua investigação a ponto de comprometer os resultados de seus estudos.

Alerta semelhante foi feito também por Émile Durkheim em *As regras do método sociológico* (2007), em que recomenda que no processo analítico devem ser afastadas as pré-noções. Ou seja, para o autor, há a necessidade de evitar julgamentos de valor; o cientista social precisa ser racional, objetivo e imparcial o máximo possível.

Além desses cuidados, existem também as precauções em relação ao método que será empregado e ao arcabouço teórico que será utilizado nos estudos. É a realidade, o objeto estudado, que aponta as diretrizes metodológicas e as teorias mais adequadas para a análise.

Os conselhos de Weber e Durkheim são oportunos, pois é fundamental lembrar que o aspecto subjetivo está presente no processo de construção do saber científico. Cada etapa da pesquisa envolve escolhas que são realizadas com base no referencial do pesquisador, sua visão de mundo, afinidades teóricas e princípios éticos. É importante estar ciente desses aspectos para que o resultado da pesquisa seja o mais fiel possível ao que revela a realidade estudada e não se torne uma projeção subjetiva do próprio pesquisador.

Existem ainda outros cuidados a serem observados:

a) Questionar a origem das hipóteses, verificando-se sua elaboração, se são plausíveis ou se derivam de saberes do senso comum ou de ideias preconcebidas.

b) Estar atento à dimensão da realidade estudada, se a amostra permite ou não chegar a conclusões ou se são casos pontuais.

c) Evitar generalizações, principalmente se a amostra for reduzida ou se se tratar de estudos de caso. Nessas situações, os resultados são sempre limitados e precisam ser devidamente contextualizados, para que não sejam generalizados.

d) Analisar em profundidade a correlação entre as variáveis, de modo a não concluir apressadamente que um evento é a causa de outro. É preciso estar atento à frequência e à regularidade dos fenômenos sociais, assim como dos fatores que possam afetá-los.

e) Atentar para o aspecto ético em todas as etapas da pesquisa. Os instrumentos de coleta de dados, como questionários, entrevistas, visitas de observação e outras técnicas, precisam ser avaliados e aprovados por um comitê de ética.

Todas essas recomendações são importantes para ajudar o pesquisador a encaminhar bem seu trabalho e ter mais segurança quanto aos resultados de seus estudos quando da submissão de suas descobertas aos seus pares por meio de publicações.

6.4
As etapas da pesquisa

Uma fase da pesquisa que costuma tirar o sossego dos pesquisadores é o momento de pensar, elaborar e escrever o projeto de pesquisa. Mostraremos que, com alguns cuidados e seguindo-se um procedimento relativamente simples, elaborar esse projeto não é nenhum "bicho de sete cabeças". Com o tempo e dedicação, além do acúmulo de experiência, muitos tomam gosto e se descobrem verdadeiros cientistas em formação, dando os primeiros passos na investigação social.

Devemos lembrar que o objetivo fundamental da pesquisa é produzir um conhecimento teórico-científico que possibilite compreender algum aspecto ou problema da sociedade. Toda pesquisa precisa, portanto, contribuir para o avanço do conhecimento sobre determinada realidade. Assim, deve ter relevância social, apresentar resultados que possam colaborar para o melhoramento da sociedade, para o avanço da teoria e para o enriquecimento do debate científico em relação ao tema.

Os elementos a serem considerados na elaboração de um projeto de pesquisa estão representados esquematicamente na Figura 6.2.

Figura 6.2 – Tópicos para um projeto de pesquisa

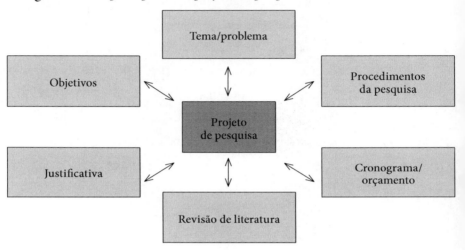

O primeiro passo é **escolher o tema**, definir o objeto a ser investigado, tarefa em que o pesquisador pode receber a ajuda do orientador ou de outros pesquisadores que estejam envolvidos na discussão ou participando de algum grupo de estudo. A pergunta a se fazer é: "O que pretendo pesquisar?". A resposta a essa pergunta dará a direção do assunto, daquela parcela da realidade a ser investigada. Deve-se lembrar, porém, que é preciso delimitar o tema, restringir seus limites de modo que o foco da pesquisa possa ser bem orientado. O processo para se chegar ao tema envolve a observação da realidade, sempre rica em problemas, de aspectos do cotidiano, de discussões recorrentes que aparecem na literatura ou derivam de uma linha de investigação vinculada, como já mencionado, a determinado grupo de pesquisa ligado a algum programa de pós-graduação. Esses aspectos ajudam no processo de depuração metodológica que envolve delimitar o objeto de pesquisa e estabelecer a problemática a ser pesquisada.

Outra etapa importante é a **revisão de literatura**. Trata-se de investigar o estado da arte, entrando em contato com outros autores e pesquisadores do tema e tomando conhecimento dos resultados já produzidos, dos aspectos que deverão receber atenção ou que precisariam ser aprofundados. Esse processo ajuda o pesquisador a dimensionar os resultados e a produção em torno do assunto e assim identificar aspectos que ainda mereçam atenção e outros que já foram abordados. Isso evita redundâncias, repetições e auxilia na construção da originalidade da proposta.

A elaboração da **justificativa** refere-se à identificação dos motivos que tornam a proposição da pesquisa necessária. Evidenciam-se a relevância do tema, aspectos inovadores, originalidade da abordagem e do método, a importância da sua contribuição para a área do saber e dos resultados almejados.

Etapa indispensável é a formulação do **problema de pesquisa**. Isso pode acontecer por meio de uma descrição do campo e do objeto a ser investigado. Muitos recorrem à proposição de perguntas pertinentes que ajudem a ilustrar a natureza do problema, suas relações com a realidade social mais ampla e o que implicaria solucioná-lo.

Uma pesquisa sem objetivos simplesmente não se concretizaria, pois não teria direção nem sentido. Por isso, é de suma importância que o pesquisador formule com seriedade os **objetivos gerais e específicos** do trabalho que pretende encaminhar.

Os objetivos servem para mensurar a intencionalidade da pesquisa em uma articulação coerente com a justificativa e o problema levantado. O objetivo geral fornece uma síntese mais ampla dos resultados almejados, e os específicos são seus desdobramentos. A formulação dos objetivos indica as ações a serem realizadas, razão pela qual devem ser usados verbos no infinitivo, como *apontar, descrever, discutir, esclarecer, apresentar, demonstrar, classificar* e *avaliar.*

A **metodologia** é elemento essencial para mostrar como será realizada a pesquisa. Por via de regra, nessa etapa, descrevem-se o tipo de pesquisa a ser feita, se qualitativa ou quantitativa, o universo da amostragem, os instrumentos que serão utilizados para a coleta de dados, a forma como serão organizadas essas informações e o viés analítico empregado, se histórico, dialético, comparativo, descritivo, compreensivo etc. É recomendada uma descrição detalhada dos instrumentos que serão empregados e suas finalidades. Não se deve esquecer que é preciso fundamentar teoricamente a metodologia utilizada, mostrando sua adequação aos objetivos propostos.

A próxima é a **coleta de dados**. É preciso mostrar quais serão as fontes usadas, como bancos de dados oficiais, outras pesquisas já realizadas e ainda fontes primárias para as amostras, isto é, se em relação aos sujeitos a serem pesquisados haverá aplicação de questionários, realização de entrevistas, organização de grupos focais etc. De posse das informações coletadas, o pesquisador terá adiante as próximas etapas, que vão demandar empenho, paciência e persistência.

A **organização e sistematização dos dados** pode envolver tabulação, formulação de gráficos, quadros e tabelas. A **análise teórica** será realizada com base nesses dados. Isso permitirá ao pesquisador produzir novos conhecimentos e testar suas hipóteses. Trata-se de uma etapa fundamental que demarca a produção de conhecimento científico, promovendo-se um diálogo entre realidade e teoria conforme a capacidade analítica do pesquisador e dos autores que lhe darão suporte.

A fase final é a **escrita do relatório de pesquisa**, que poderá assumir, conforme o nível da pesquisa, a forma de um trabalho de conclusão de curso, de uma monografia, de uma dissertação ou de uma tese de doutorado. Por via de regra, o documento produzido é encaminhado ao público, normalmente mediante a biblioteca da instituição à qual o pesquisador está vinculado. Além da biblioteca, é recomendado que a pesquisa seja publicizada na forma de artigos, livros e/ou capítulos de livros.

Cabe observar, por fim, que todo projeto comporta a definição de um **cronograma** de atividades e de um **plano orçamentário** que envolva os recursos e os gastos previstos na consecução da pesquisa.

Leitura complementar

O trabalho de campo como descoberta e criação

1. Introdução

Após termos definido, através de um **projeto de pesquisa**, nosso **objeto de estudo**, surge a necessidade de selecionarmos **formas de investigar esse objeto**. Em Ciências Sociais, tendo como referência a pesquisa qualitativa, o trabalho de campo se apresenta como uma possibilidade de conseguirmos não só uma aproximação com aquilo que desejamos conhecer e estudar, mas também de criar um conhecimento, partindo da realidade presente no campo.

Demo (1991) observa que o cientista, em sua tarefa de descobrir e criar, necessita, num primeiro momento, **questionar**. Esse **questionamento** é que nos permite ultrapassar a simples descoberta para, através da criatividade, produzir conhecimentos.

Definindo bem o nosso campo de interesse, nos é possível partir para um rico diálogo com a realidade. Assim, o trabalho de campo deve estar ligado a uma vontade e a uma identificação com o tema a ser estudado, permitindo uma melhor realização da pesquisa proposta.

Discutindo a importância do trabalho de campo, é necessário ressaltarmos que muitos pesquisadores veem essa tarefa como algo restrito a determinadas ciências, tais como a Antropologia, a Sociologia, a Psicologia e várias outras do campo das ciências sociais e humanas. No entanto, algumas áreas das ciências têm como espaço de realização de uma pesquisa o laboratório do pesquisador. Segundo nosso posicionamento a ideia de laboratório se diferencia bastante do que vamos tratar sobre trabalho de campo. Em nossa percepção, a relação do pesquisador com os sujeitos a serem estudados é de extrema importância. Isso não significa que as diferentes formas de investigação não sejam fundamentais e necessárias.

Para muitos pesquisadores, o trabalho de campo fica circunscrito ao levantamento e à discussão da produção bibliográfica existente sobre o tema de seu interesse. Esse esforço de criar conhecimento não desenvolve o que originalmente consideramos como um trabalho de campo propriamente dito. Entretanto, somos da opinião que essa dinâmica é fundamental para qualquer tipo de pesquisa. Essa forma de investigar, além de ser indispensável para a pesquisa básica, nos permite articular conceitos e sistematizar a produção de uma determinada superação daquilo que já se encontra produzido.

[...]

Após essas observações, precisamos nos aproximar mais da ideia de **campo** que pretendemos explicitar. Num primeiro momento, realizar um trabalho de campo pode nos reportar a uma fantasia um tanto quanto exótica. Pode nos fazer relembrar estudiosos que partiam para regiões distantes em busca de culturas diferentes, para um árduo trabalho de compreensão dos distintos modos de vida desses povos. Essa percepção representa uma das possíveis dimensões da ida ao campo, uma vez que as possibilidades e os limites das diversas realidades existentes no cotidiano social permitem ao pesquisador um infinito leque de procedimentos e descobertas.

Com base em Minayo (2001), concebemos **campo de pesquisa** como o **recorte que o pesquisador faz em termos de espaço**, representando uma realidade empírica a ser estudada com base nas concepções teóricas que fundamentam o objeto da investigação. A título de exemplo, podemos citar, entre outros, o seguinte recorte: o estudo da percepção das condições de vida dos moradores de um determinado bairro ou de uma favela. Para esse estudo, a favela ou o bairro escolhido corresponde a um campo empiricamente determinado.

Além do recorte espacial, em se tratando de pesquisa social, o lugar primordial é o ocupado pelas pessoas e grupos convivendo numa **dinâmica de interação social**. Essas pessoas e esses grupos são sujeitos de uma determinada história a ser investigada, sendo necessária uma **construção teórica** para transformá-los em **objetos de estudo**. Partindo da **construção teórica do objeto de estudo**, o campo torna-se um palco de manifestações de intersubjetividades e interações entre pesquisador e grupos estudados, propiciando a criação de novos conhecimentos.

Fonte: Cruz Neto, 2001, p. 51-54, grifo do original.

Síntese

Neste capítulo, mostramos que, no contexto da Revolução Industrial, as inúmeras mudanças sociais desafiaram os autores da época a buscar uma forma científica de compreender e explicar a sociedade. Foi nesse cenário que surgiu a sociologia, que, como ciência, buscou estabelecer sua metodologia, seu objeto e seu corpo teórico.

Também destacamos que, em seu início, a sociologia se esforçou para se legitimar junto às outras ciências, o que foi possível mediante a contribuição de nomes como Émile Durkheim, Max Weber e Karl Marx.

Outro assunto abordado foi a metodologia utilizada pela sociologia, suas técnicas e seus procedimentos para a realização de uma investigação sociológica, que compreende o processo de elaboração do problema de pesquisa, das hipóteses que vão orientar a investigação e das variáveis que ajudarão a explicar a relação entre os fenômenos e suas causas. Na sequência, chamamos atenção para os aspectos subjetivos que subjazem à escolha do tema e do caminho metodológico a ser percorrido, bem como para o fato de que o pesquisador precisa manter seu senso crítico, explicitar suas intenções e deixar claros os motivos de suas escolhas no processo de pesquisa.

Na última parte do capítulo, apresentamos as etapas da pesquisa social, descrevendo as características e funções de cada item de um projeto, desde a formulação do problema até sua apresentação no relatório final.

Indicações culturais

Livro

MINAYO, M. C. de S. (Org.). **Pesquisa social**: teoria, método e criatividade. 18. ed. Petrópolis: Vozes, 2001.

Nesse livro, apresenta-se como deve ser construída a pesquisa social. A obra inicia abordando que a pesquisa científica avança com base em enfoques problematizadores, levando-se em conta aspectos objetivos e subjetivos da investigação, uma vez que na pesquisa social predominam aspectos qualitativos. No segundo capítulo, são refeitos os passos para a construção de um projeto de pesquisa, considerando-se as diferentes etapas desse processo. Na sequência, reflete-se sobre a importância de qualificar o campo de investigação, fazendo-se os devidos recortes e contextualizações do objeto de estudo. Por fim, discorre-se sobre o processo de organização e tratamento dos dados, assinalando-se que é nesse momento que a pesquisa pode inovar, fazendo avançar os conhecimentos. São examinados ainda aos obstáculos que o investigador pode enfrentar nessa fase.

Filmes

O ÓLEO de Lorenzo. Direção: George Miller. EUA, 1992. 135 min. O filme apresenta um caso verídico envolvendo um casal de professores de História que têm o filho acometido por uma rara doença degenerativa. Inconformados com o diagnóstico e a ineficácia dos tratamentos, os pais iniciam uma jornada investigativa sobre as causas e possíveis formas de tratamento da doença. Embora façam progressos em sua pesquisa sobre a enfermidade, médicos e pesquisadores não os levam a sério por serem de outra área. O drama vivido evidencia o quanto a motivação pode fazer a diferença na busca por novos conhecimentos. Além de mostrar aspectos que abrangem pesquisa, investigação, verificação, testes, variáveis e experimentos, o filme é, acima de tudo, um tributo ao amor familiar e sua força em superar desafios.

O NOME da rosa. Direção: Jean-Jacques Annaud. Alemanha, 1986. 130 min.

A história do filme, baseada no livro homônimo de Umberto Eco, é ambientada em um mosteiro Beneditino do século XIV, em uma Itália que estava experimentando os alvores do movimento renascentista. Esse cenário se completa em meio a um clima de intolerância e obscurantismo, envolvendo mortes e maldições e a suposta presença do demônio no mosteiro. O mistério se concentra em torno de um livro enigmático atribuído a Aristóteles. O ponto forte da narrativa é a investigação, realizada por Frei William, referente às mortes ocorridas no local, sob a ótica do ceticismo de um verdadeiro cientista, que busca coletar cada pista e indício empírico para resolver o mistério.

Atividades de autoavaliação

1. Qual é a realidade estudada pela sociologia?
    a) A multiplicidade das manifestações políticas e as formas de organização do poder.
    b) As culturas ancestrais e as mudanças nos costumes e valores humanos.
    c) Os fatores biológicos que incidem sobre o comportamento dos seres vivos.
    d) A realidade vivida pelos indivíduos e pela sociedade.

2. Em face das mudanças sociais e do conjunto de novos problemas que surgiam na Europa do século XVIII, a sociologia nascente desenvolveu três concepções teóricas para explicar a sociedade. Quais são elas?

   a) Teorias funcionalista, do conflito e compreensiva.

   b) Teorias estruturalistas, dialéticas e analíticas.

   c) Teoria do conflito, acomodação e assimilação.

   d) Teorias interacionistas, materialistas e historicistas.

3. Considerando-se a especificidade da sociologia como ciência, qual das alternativas a seguir melhor a define?

   a) Seus elementos são a autoridade do pesquisador, a inovação de sua pesquisa e sua reputação acadêmica.

   b) Trata-se de uma ciência nos mesmos moldes das ciências da natureza.

   c) Define-se como ciência por sua tradição e por sua contribuição para as ciências humanas e sociais.

   d) É uma ciência, pois tem objeto de estudo delimitado, métodos de investigação e teorias próprias.

4. Embora a criatividade seja importante, existem aspectos primordiais que devem ser considerados no processo de pesquisa, entre os quais se se encontram:

   a) temas de relevância e projeção na mídia, os quais ajudam a promover as pesquisas sociais.

   b) ser crítico profundo e buscar conclusões generalizáveis.

   c) a escolha de um objeto/problema, a definição de um conjunto de hipóteses e variáveis e a seleção de metodologia coerente.

   d) atenção às hipóteses e às variáveis, poucas generalizações e cuidado ético.

5. Resumindo, são três as fases de elaboração de uma pesquisa:

a) planejamento, execução e divulgação.

b) cronograma, recursos e elaboração do relatório.

c) pesquisa de campo, aplicação de instrumentos e coleta de dados.

d) todas se resumem em realizar a pesquisa propriamente dita.

Atividades de aprendizagem

Questões para reflexão

1. Quais são as três perspectivas epistemológicas da sociologia clássica?

2. Faça uma pesquisa complementar sobre as diferenças entre pesquisa qualitativa e pesquisa quantitativa.

3. Apresente pelo menos três áreas do saber que integram as chamadas *ciências sociais*.

4. Como a sociologia pode ser definida?

Atividade aplicada: prática

1. Considerando o que foi apresentado sobre as etapas para a organização de um projeto de pesquisa, elabore um pré-projeto de pesquisa social (versão não definitiva). Trata-se de um exercício didático, por isso poderá ser usado um modelo mais simples de projeto, em que constem os elementos citados a seguir.

Modelo de projeto

Tema	Justificativa	Recursos
Problema	Revisão de literatura	Referências
Objetivos	Metodologia	

considerações finais

Ao longo destas páginas, abordamos uma variedade de autores e textos que integram a tradição sociológica. Iniciamos nossa jornada lembrando que a sociologia se define como ciência por reunir o tríptico de um saber científico, ou seja, ela tem um objeto de estudo específico, que é a multiplicidade dos fenômenos sociais; detém um corpo teórico próprio, que buscamos identificar, parcialmente, neste livro; e apresenta uma metodologia característica das investigações sociológicas, nas quais, mesmo com diferentes viéses, conforme os autores e suas afiliações epistemológicas, opera-se metodologicamente, construindo-se os raciocínios com rigor, de modo sistemático e bem fundamentado.

A tradição do pensamento social conserva sua riqueza no acervo inesgotável dos autores clássicos, entre eles os três considerados fundadores da sociologia. Podemos ter em conta o holismo social de Émile Durkheim, ao demonstrar a força e a influência da sociedade sobre as ações e os pensamentos dos indivíduos.

Na direção de uma abordagem dialético-materialista, a crítica social de Karl Marx revela o lado obscuro e contraditório do capitalismo, na oposição entre capital e trabalho, homem e máquina, dinheiro e necessidades. Se a história é a luta de classes em movimento, estaríamos então vivendo os estertores de sua última versão diante da possibilidade de superação do capitalismo? Parece que parte da resposta é dada por Max Weber, que, embora tenha mantido com a obra de Marx uma profícua interlocução, discordava dele, ao mostrar que existem outros fatores que podem explicar os fenômenos sociais, e não somente os associados ao viés da determinação econômica.

Ressalvadas as afinidades eletivas que cada um possa ter em relação aos três autores mencionados, é inegável que eles representem uma preciosa contribuição aos fundamentos da análise social, qualquer que seja a perspectiva adotada – funcionalista, materialista ou compreensiva.

Em nossa abordagem, também destacamos dois importantes autores da sociologia norte-americana. Cada um a seu modo buscou fornecer elementos que pudessem desvendar o mundo social. Com Talcott Parsons aprendemos que o humano se constitui em meio aos processos de socialização, levados a termo pelos diferentes sistemas que envolvem as pessoas e seu trânsito pela vida. Assim, na visão desse autor, a família, a escola, a igreja, as instituições, a economia e o próprio Estado existem em uma lógica funcional de apoio e complementaridade pelo bem e manutenção integrativa da sociedade. Essa perspectiva recebeu críticas de seu contemporâneo, Robert Merton, para quem uma teoria totalizadora é pretensiosa ao querer abarcar a realidade social complexa, múltipla e diversa nos limites de seus conceitos. Merton buscou um caminho analítico intermediário, mostrando que nem sempre as estruturas e os sistemas sociais são eficientes e funcionais; às vezes, produzem o seu contrário, gerando situações de anomias e disfuncionalidades, o que ele descreveu como uma armadilha da sociedade capitalista contemporânea.

Na continuidade, tratamos das teorias de Norbert Elias e Pierre Bourdieu. O primeiro defendia que as mudanças sociais resultam das múltiplas redes de relacionamento entre as pessoas. Essa relação dinâmica e fluida teria provocado mudanças nos *habitus* e na cultura ocidental, o que ele descreveu em sua obra *O Processo Civilizador* como uma psicogênese e uma sociogênese. Na leitura de Bourdieu, as relações sociais acontecem em meio aos comportamentos regulares, que se objetivam em estruturas sociais e afetam os indivíduos em suas vivências e personalidades, existindo também seu correspondente objetivo nas instituições sociais, que acabam por reforçar ideias, símbolos e comportamentos.

Em contraposição à tradição do pensamento social positivista, identificamos nas análises de Theodor Adorno e Max Horkheimer a emergência de uma sociologia crítica em que a sociedade e o indivíduo possam ser vistos a partir de suas vinculações totais e as contradições não sejam naturalizadas, consideradas como parte do processo histórico de amadurecimento das sociedades e suas instituições. Esse argumento é rechaçado pelos dois autores ao demonstrarem que as contradições da sociedade capitalista geram um passivo humanitário feito de fome, mortes e guerras, efeitos deletérios de uma causa que subjaz à lógica mercantil aplicadas às relações e às necessidades humanas.

A contribuição deste livro também se assenta em seu caráter compendial ao reunir autores de matizes teóricas diversas. Dessa forma, buscamos apresentar diferentes visões analíticas. Assim, no penúltimo capítulo, apresentamos a sociologia fenomenológica de Alfred Schutz, o interacionalismo simbólico de George Herbert Mead e Erving Goffman e ainda a crítica socioantropológica de Judith Butler em relação aos processos sociais e culturais heteronormativos de construção de identidades de gênero.

No final de nosso percurso, reservamos um espaço importante para tratar dos elementos, conceitos e etapas que envolvem a pesquisa na área da sociologia. Descrevemos, de modo didático, ao processo que envolve desde a qualificação do campo, a delimitação do problema, a identificação do objeto de pesquisa até o uso das teorias e categorias que darão suporte à produção da pesquisa.

Não podemos deixar de mencionar que há vários autores que gostaríamos de ter apresentado e que seguramente tornariam ainda mais profunda nossa abordagem acerca da sociedade. Contudo, mesmo diante dessa limitação, acreditamos que possibilitamos o contato com uma ampla gama de assuntos e autores da sociologia. Considerando que a leitura deste livro deve ter sido complementada pela realização dos exercícios propostos e pelos aprofundamentos de estudo sugeridos, pelo menos em parte, entendemos que nosso objetivo terá sido atingido revelando-se a natureza histórica humana e contraditória da sociedade. Não seria incomum que, após esta trajetória de reflexões sobre a sociedade, muitos se sintam inclinados a se debruçar sobre esse objeto, dipostos a aprofundar os estudos na área da ciência sociológica.

referências

ADELMAN, M. O gênero na construção da subjetividade: repensando a "diferença" em tempos pós-modernos. **Revista Humanas**, Curitiba, n. 7-8, p. 9-22, 1999.

ADORNO, T. **Educação e emancipação**. Rio de Janeiro: Paz e Terra, 1995.

ADORNO, T. **Minima moralia**: reflexões a partir da vida danificada. São Paulo: Ática, 1992.

ADORNO, T. Teoria da semicultura. **Educação & Sociedade**, Campinas, ano 17, n. 56, p. 388-411, dez. 1996.

ADORNO, T.; HORKHEIMER, M. **Dialética do esclarecimento**: fragmentos filosóficos. Rio de Janeiro: Zahar, 1985.

ADORNO, T.; HORKHEIMER, M. **Temas básicos da sociologia**. São Paulo: Cultrix, 1956.

BACHELARD, G. **A epistemologia**. São Paulo: M. Fontes, 1971.

BAUDRILLARD, J. **Simulacros e simulação**. Lisboa: Relógio D'Água, 1991.

BERGER, **Perspectivas sociológicas**: uma visão humanística. Petrópolis: Vozes, 1980.

BOURDIEU, P. **A dominação masculina**. Rio de Janeiro: Bertrand Brasil, 1999.

BOURDIEU, P. **A economia das trocas simbólicas**. São Paulo: Perspectiva, 1992.

BOURDIEU, P. **Razões práticas**: sobre a teoria da ação. São Paulo: Papirus, 1996.

BOURDIEU, P.; EAGLETON, T. A doxa e a vida cotidiana: uma entrevista. In: ŽIŽEK, S. (Org.). **Um mapa da ideologia**. Rio de Janeiro: Contraponto, 2007. p. 265-278.

BOURDIEU, P.; PASSERON, J.-C. **A reprodução**: elementos para uma teoria do sistema de ensino. Rio de Janeiro: F. Alves, 1975.

BUTLER, J. **Problemas de gênero**: feminismo e subversão da identidade. Rio de Janeiro: Civilização Brasileira, 2003.

BUTLER, J. Repensando a vulnerabilidade e a resistência. In: SEMINÁRIO QUEER – CULTURA E SUBVERSÕES DA IDENTIDADE, 1., 2015, São Paulo. Palestra.

CARDOSO, H. R.; SIQUEIRA, R. de. O conceito de estigma como processo social: uma aproximação teórica a partir da literatura norte-americana. **Imagonautas**, v. 2, n. 1, p. 92-113, 2011.

CARIDÁ, A. C. Racionalização e fetichismo no marxismo weberiano. **Em Tese**, v. 8, n. 2, ago./dez. 2011.

CASTRO, F. F. de. A sociologia fenomenológica de Alfred Schutz. **Ciências Sociais Unisinos**, São Leopoldo, v. 48, n. 1, p. 52-60, jan./abr. 2012.

CHAUI, M. **Cultura e democracia**: o discurso competente e outras falas. São Paulo: Cortez, 1993.

CORDOVA, M. J. W. Talcott Parsons e o esquema conceitual geral da ação. **Revista Emancipação**, v. 6, n. 1, p. 257-276, 2007.

CORREIO, C. G. K. Contribuições da sociologia fenomenológica de Alfred Schutz para a comunicação. **Cadernos de Comunicação**, Santa Maria, v. 18, n. 1, p. 283-299, jan./jul. 2014.

CRUZ NETO, O. O trabalho de campo como descoberta e criação. In: MINAYO, M. C. de S. (Org.). **Pesquisa social**: teoria, método e criatividade. 18. ed. Petrópolis: Vozes, 2001. p. 51-66.

DURKHEIM, É. **As regras do método sociológico**. São Paulo: Martins Fontes, 2007.

ELIAS, N. **A sociedade de corte**: investigação sobre a sociologia da realeza e da aristocracia de corte. Rio de Janeiro: Zahar, 2001.

ELIAS, N. **The Civilizing Process**: Sociogenetic and Psychogenetic Investigations. Massachusetts: Blackwell, 2000.

FOUCAULT, M. **Vigiar e punir**: nascimento da prisão. 14. ed. Petrópolis: Vozes, 1996.

FRANÇA, A. S. T. Talcott Parsons: apontamentos para uma análise institucional. **Cadernos de Pesquisa Interdisciplinar em**

Ciências Humanas, Florianópolis, v. 10, n. 97, p. 181-204, jul./ dez. 2009.

FREIRE, P. **Professora sim, tia não**: cartas a quem ousa ensinar. São Paulo: Olho D'Água, 1997.

GALLINO, L. **Dicionário de sociologia**. São Paulo: Paulus, 2005.

GOFFMAN, E. **Estigma**: notas sobre a manipulação da identidade deteriorada. Rio de Janeiro: LTC, 1975.

GUATTARI, F.; ROLNIK, S. **Micropolítica**: cartografias do desejo. Petrópolis: Vozes, 1996.

HIRATA, H. Globalização e divisão sexual do trabalho. **Cadernos Pagu**, Campinas, n. 17-18, p. 139-156, 2001.

HONNETH, A. **Luta por reconhecimento**: a gramática moral dos conflitos sociais. São Paulo: Ed. 34, 2003.

HUSSERL, E. **Idées directrices pour une phénoménologie pure et une philosophie phénoménologique**. Paris: Gallinard, 1950. (Collection Tel, n. 94)

KANT, I. Resposta à questão: O que é Esclarecimento. Tradução de Márcio Pugliesi. **Cognitio**, São Paulo, v. 13, n. 1, p. 145-154, jan./ jun. 2012. Disponível em: <https://webcache.googleusercontent. com/search?q=cache:9IbqYrTzoHIJ:https://revistas.pucsp.br/ index.php/cognitiofilosofia/article/download/11661/8392+& cd=2&hl=pt-BR&ct=clnk&gl=br>. Acesso em: 26 dez. 2017.

KANT, I. **Textos seletos**. 2. ed. Petrópolis: Vozes, 1985.

LANDINI, T. S. A sociologia processual de Norbert Elias. In: SIMPÓSIO INTERNACIONAL PROCESSO CIVILIZADOR, 9., 2005, Ponta Grossa. Disponível em: <http://www.uel.br/grupo-estudo/processoscivilizadores/portugues/sitesanais/anais9/ artigos/mesa_debates/art27.pdf>. Acesso em: 21 fev. 2018.

LUCAS, C. da F. A sociedade de corte, segundo Norbert Elias. **Revista Educ – Revista Eletrônica da Faculdade de Duque** de Caxias, v. 1, n. 2, p. 120-123, jul./dez. 2017. Disponível em: <http://uniesp.edu.br/sites/_biblioteca/revistas/20170608150126. pdf>. Acesso em: 11 out. 2017.

MANNHEIM, K. **Ideologia e utopia**. Rio de Janeiro: Guanabara, 1986.

MARCUSE, H. **A ideologia da sociedade industrial**: o homem unidimensional. Rio de Janeiro: Zahar, 1982.

MARX, K. **Para a crítica da filosofia do direito de Hegel**. Covilhã: Universidade da Beira Interior, 2008.

MARX, K.; ENGELS, F. **A ideologia alemã (Primeiro capítulo)**. Disponível em: <http://www.ebooksbrasil.org/adobebook/ideologiaalema.pdf>. Acesso em: 11 out. 2017.

MARX, K.; ENGELS, F. **Contribuição à crítica da economia política**. 2. ed. São Paulo: Expressão Popular, 2008.

MINAYO, M. C. de S. (Org.). **Pesquisa social**: teoria, método e criatividade. 18. ed. Petrópolis: Vozes, 2001.

NAUROSKI, E. A. **O príncipe eletrônico**: mídia, política e sociedade. São Paulo: FiloCzar, 2016.

NAUROSKI, E. A. **Trabalho docente e subjetividade**: a condição dos professores temporários (PSS) no Paraná. Tese (Doutorado em Sociologia) – Universidade Federal do Paraná, Curitiba, 2014.

NIZET, J.; RIGAUX, N. **A sociologia de Erving Goffman**. Tradução de Ana Cristina Arantes Nasser. Petrópolis: Vozes, 2016.

OLIVEN, R. G. **Metabolismo social da cidade e outros ensaios**. Rio de Janeiro: Centro Edelstein de Pesquisa Sociais, 2009. Disponível em: <http://books.scielo.org/id/mth59/pdf/oliven-9788579820120.pdf>. Acesso em: 11 out. 2017.

PARSONS, T. **Sociedades**: perspectivas evolutivas e comparativas. São Paulo: Pioneira, 1969.

PIRES, E. D. et al. Trabalho docente e relações de gênero: implicações sobre a política de formação de professores. **Práxis Educacional Vitória da Conquista**, n. 1 p. 217-230, 2005.

PLEKHANOV, G. V. **A concepção marxista da história**. 1901. Disponível em: <https://www.marxists.org/portugues/plekhanov/1901/mes/concepcao.htm>. Acesso em: 12 out. 2017.

QUINTANEIRO, T. Émile Durkheim. In: QUINTANEIRO, T.; BARBOSA, M. L. de O.; OLIVEIRA, M. G. M. de. Introdução. In: **Um toque de clássicos**: Marx, Durkheim e Weber. 2. ed. rev. e ampl. Belo Horizonte: Editora da UFMG, 2002. p. 67-106.

QUINTANEIRO, T.; BARBOSA, M. L. de O.; OLIVEIRA, M. G. M. de. Introdução. In: **Um toque de clássicos**: Marx, Durkheim e Weber. 2. ed. rev. e ampl. Belo Horizonte: Editora da UFMG, 2002. p. 9-26.

RIUTORT, P. **Compêndio de sociologia**. São Paulo: Paulus, 2008.

ROBBINS, D. Sociology and Philosophy in the Work of Pierre Bourdieu, 1965-75. **Journal of Classical Sociology**, London, v. 2, n. 3, 2002.

SANT'ANA, R. B. de. Psicologia social na escola: as contribuições de G. H. Mead. **Psicologia & Sociedade**, v. 17, n. 1, p. 67-74, jan./abr. 2005.

SELL, C. E. **Sociologia clássica**: Marx, Durkheim e Weber. Petrópolis: Vozes, 2009.

SINGLY, F. de. Bourdieu: nom propre d'une entreprise collective. **Magazine Littéraire**, Paris, n. 369, oct. 1998.

THORPE, C. **O livro da sociologia**. São Paulo: Globo, 2016.

TUMOLO, P. S. Da subsunção formal do trabalho à subsunção real da vida social ao capital: apontamentos de interpretação do capitalismo contemporâneo. **Trabalho & Crítica**, Belo Horizonte, v. 2, p. 15-29, 2000.

VANDENBERGHE, F. "The Real is Relational": an Epistemological Analysis of Pierre Bourdieu's Generative Structuralism. **Sociological Theory**, v. 17, n. 1, p. 32-67, mar. 1999.

WEBER, M. **A ética protestante e o espírito do capitalismo**. São Paulo: Pioneira, 1995.

WEBER, M. **Economia e sociedade**: fundamentos da sociologia compreensiva. Brasília: Editora da UnB, 1994.

WEBER, M. **Ensaios de sociologia**. Rio de Janeiro: Zahar, 1982.

WEBER, M. **Metodologia das ciências sociais**. Tradução de Augustin Wernet. 3. ed. São Paulo: Cortez, 1999.

bibliografia comentada

MARX, K. **O Dezoito Brumário de Louis Bonaparte**. São Paulo: Centauro, 2006.

Nesse livro, Karl Marx busca analisar os conflitos de classe na França em 1848 e, a partir dessa análise, tirar lições de estratégia para a luta do proletariado. O autor se volta para a figura do Estado como ente político e instrumental para a luta socialista comunista.

No entendimento de Marx, o Estado como instituição burguesa não deveria ser utilizado como parte da revolução, mas destruído enquanto instituição de poder, erigindo-se em seu lugar uma ditadura do proletariado.

HABERMAS, J. **Técnica e ciência como ideologia**. Lisboa: Edições 70, 2009.

O livro é um tributo de Jürgen Habermas ao seu amigo do círculo frankfurtiano Herbert Marcuse. Nesse texto, Habermas retoma o conceito de racionalidade de Weber para realizar uma crítica sobre seus pressupostos. Trata-se de uma crítica ontológica à ideia de uma razão instrumental que serve como meio de dominação. Na própria base do conceito weberiano de razão está subjacente uma concepção ideológica, na medida em que os progressos da razão precisam ser acatados como realização do projeto moderno. Habermas mostra que existem duas esferas diferenciadas da racionalidade humana, uma voltada ao trabalho, que, por isso, conserva o aspecto técnico instrumental, e outra que acontece em uma esfera interacional, na qual a razão se abre para o diálogo e a comunicação.

ARENDT, H. **A condição humana**. Rio de Janeiro: Forense, 2010.

Nessa obra, Hannah Arendt reflete sobre a história e a cultura humana, mostrando aspectos do aprisionamento do ser humano em relação a suas produções, como a técnica. Sua reflexão avança mostrando que mesmo a linguagem humana vai perdendo sua capacidade de descrever a realidade, cada vez mais complexa. O sentido da vida se desloca do trabalho e passa para a vida ativa, em que o homem pode engajar-se com maior liberdade e significado. Isso faz lembrar a antiga divisão dada pelos gregos entre o reino da liberdade e o reino da necessidade.

respostas

Capítulo 1

Atividades de autoavaliação

1. d
2. a
3. c

4. c

5. a

Atividades de aprendizagem

Questões para reflexão

1. A sociologia apresenta objeto próprio de estudo, corpo teórico específico e metodologia fundamentada na ciência social.

2. As ciências sociais se referem ao método de estudo por meio do qual se busca interpretar a realidade social, enquanto as ciências da natureza trabalham com princípios de causalidade.

3. A sociologia ajuda a qualificar o olhar sobre o mundo, ajuda a perceber que os discursos e as práticas vigentes na sociedade, em boa medida, refletem os interesses de diferentes grupos de poder. Dessa forma, os estudos sociológicos servem para aguçar o senso crítico na compreensão da realidade social.

4. A ciência política estuda os fenômenos políticos, as relações de poder, as instituições de governo e o Estado.

Capítulo 2

Atividades de autoavaliação

1. b

2. a

3. b

4. a

5. d

Atividades de aprendizagem

Questões para reflexão

1. Resposta pessoal.

2. Resposta pessoal.

3. Ao desconsiderar as contradições como fonte de análise para explicar os limites e os problemas da sociedade, Parsons fortalece o viés conservador de sua abordagem funcionalista da sociedade.

4. Resposta pessoal.

Capítulo 3

Atividades de autoavaliação

1. c

2. b

3. d

4. a

5. b

Atividades de aprendizagem

Questões para reflexão

1. Exercer o autodomínio, disciplinar as condutas e estabelecer relações de poder.

2. O capital cultural representa a objetivação do *habitus* acumulado por indivíduos e grupos e serve como elemento de distinção e marcador social.

3. A escola reproduz a desigualdade social na medida em que estabelece modelos de referência, classifica os alunos, estratifica as condutas, premia e castiga, desconsiderando seus contextos, vivências e trajetórias.

4. Resposta pessoal.

Capítulo 4

Atividades de autoavaliação

1. d
2. b
3. b
4. b
5. b

Atividades de aprendizagem

Questões para reflexão

1. É mais importante consumir produtos "culturais" do que adquirir uma formação cultural para compreender seus significados mais profundos.

2. Significa que a sociedade representa uma totalidade complexa com vinculações que estabelecem uma relação tensa e dialética envolvendo indivíduos e instituições.

3. Trata-se de um sujeito que não conseguiu atingir sua maioridade intelectual, vive somente a dimensão adaptativa da educação e da cultura.

4. Resposta pessoal.

Capítulo 5

Atividades de autoavaliação

1. a
2. a
3. d
4. a
5. c

Atividades de aprendizagem

Questões para reflexão

1. O mundo social é, em certa medida, uma síntese em construção da relação intersubjetiva, uma construção carregada de sentido e de significados, reflexo das diferentes formas de ação. O mundo social revela que a intersubjetividade, ou seja, as relações humanas, acontece como algo natural, sem maiores problematizações ou mistérios.

2. Na perspectiva da psicologia social, o desenvolvimento humano, que inclui identidade, personalidade, hábitos e costumes, sofre diferentes formas de influência dos grupos e espaços por onde se transita. Muito do que um indivíduo é e pensa reflete as pessoas e instituições que o influenciaram e ainda o influenciam.

3. Mead não concorda que a sociedade é o resultado do ajuntamento de indivíduos já constituídos de forma autônoma. Com base na psicologia e na filosofia, Mead argumenta que os indivíduos se constituem das relações sociais, das interações primárias e dos processos de socialização. A construção do estigma acontece quando, ao longo desse processo, o indivíduo se distancia dos padrões e comportamentos estabelecidos pela maioria. Ao se comportar de modo muito diferente

dos modelos de comportamento e valores estabelecidos, passa a sofrer ações de coerção, de marginalização e até de exclusão social.

4. Podemos citar o machismo, o sexismo, o preconceito de gênero, a discriminação contra a população LGBT e, de modo geral, a homofobia.

Capítulo 6

Atividades de autoavaliação

1. d
2. a
3. d
4. d
5. a

Atividades de aprendizagem

Questões para reflexão

1. Funcionalismo, materialismo e sociologia compreensiva, ou individualismo metodológico.
2. Resposta pessoal.
3. Sociologia, ciência política e antropologia.
4. É o estudo científico das realidades sociais.

sobre o autor

Everson Araujo Nauroski é pós-doutor em Sociologia pela Universidade Federal do Paraná (UFPR), com pesquisa sobre Trabalho Docente e Educação. É mestre em Tecnologia Educacional pela Universidade Federal de Santa Catarina (UFSC) e especialista em Filosofia Clínica pela Faculdade Bagozzi e pelo Instituto Packter. Também é bacharel em Direito e graduado em Filosofia, Sociologia, História e Pedagogia.

Atualmente é docente nas áreas de humanidades e também pesquisador e terapeuta, realizando atendimentos como filósofo clínico. Além das atividades acadêmicas, é escritor, consultor e palestrante.

A Escola de Atenas (Scuola di Atene)
Rafael Sanzio, 1509-1510
afresco, 500 × 770 cm
Stanza della Segnatura, Musei Vaticani
Città del Vaticano

Impressão:
Abril/2023